HEYNE‹

W0180149

BIRGIT ADAM

Die schönsten
traditionellen Vornamen

- Für Jungen und Mädchen
- Mit Herkunft und Bedeutung

WILHELM HEYNE VERLAG
MÜNCHEN

FSC
Mix
Produktgruppe aus vorbildlich
bewirtschafteten Wäldern und
anderen kontrollierten Herkünften

Zert.-Nr. SGS-COC-1940
www.fsc.org
© 1996 Forest Stewardship Council

Verlagsgruppe Random House FSC-DEU-0100
Das für dieses Buch verwendete
FSC-zertifizierte Papier *Holmen Book Cream*
liefert Holmen Paper, Hallstavik, Schweden.

Redaktion: Johann Lankes

Originalausgabe 05/2009

Copyright © 2009 by Wilhelm Heyne Verlag, München,
in der Verlagsgruppe Random House GmbH
www.heyne.de
Printed in Germany 2009
Umschlagillustration: Marina Raith/Picture Press
Umschlaggestaltung: Eisele Grafik-Design, München
Satz: C. Schaber Datentechnik, Wels
Druck und Bindung: GGP Media GmbH, Pößneck

ISBN 978-3-453-65007-7

Inhalt

Vorwort

Herzlichen Glückwunsch – Sie erwarten Nachwuchs! Aber wie soll der neue Erdenbürger oder die neue Erdenbürgerin nun heißen? Das ist keine leichte Entscheidung, denn Ihr Kind wird seinen Namen sein ganzes Leben lang tragen müssen. Viele Eltern legen bei der Vornamenwahl eine erstaunliche Fantasie an den Tag: Da werden lustig Namen aus verschiedenen Kulturen kombiniert oder man zollt seinen Lieblingsfiguren aus Kino oder Literatur Tribut. Hauptsache, das Kind heißt nicht so wie alle anderen – wie es sich fühlt, wenn es seinen Namen ständig buchstabieren oder erklären muss, scheint diesen Eltern egal zu sein. Doch viele junge Mütter und Väter denken auch anders: Sie wollen sich von schnelllebigen Modetrends abheben und entscheiden sich daher bewusst für einen Namen, den auch schon ihre Großmütter und Großväter getragen haben könnten. Diese Namen sind vertraut und zeitlos und daher auch niemals unmodern. Und so befinden sich heute Marie und Anna, Paul und Maximilian ganz vorne auf den Hitlisten der beliebtesten Vornamen.

In diesem Buch finden Sie über 2700 traditionelle Vornamen aufgeführt: mit Erläuterungen zu ihrer Herkunft und ihrer Bedeutung, beliebten Kurz- und Koseformen sowie ihren internationalen Varianten. Darüber hinaus erhalten Sie wichtige und interessante Informationen zum Namensrecht in

Deutschland, Österreich und der Schweiz. Die Vornamenhitparaden der letzten fünf Jahre zeigen Ihnen, für welche Namen sich andere Eltern entschieden haben. Zu guter Letzt gibt Ihnen vielleicht der Namenstagskalender den entscheidenden Tipp, falls Sie auch das Geburtsdatum Ihres Kindes in Ihre Überlegungen einbeziehen wollen.

Viel Spaß beim Stöbern wünscht Ihnen   *Birgit Adam*

Der Weg zum passenden Vornamen

In Deutschland, Österreich und der Schweiz haben Eltern das Recht und die Pflicht, den Vornamen ihres Kindes zu bestimmen. Doch welche Vornamen sind überhaupt zulässig? Darf ein Kind beliebig viele Namen tragen? Und für welche Schreibweise sollten Sie sich entscheiden? Auf den folgenden Seiten erfahren Sie, was es bei der Wahl des Vornamens zu beachten gilt.

Kriterien bei der Vornamenswahl

Zu früheren Zeiten waren junge Eltern bei der Wahl des Vornamens noch eingeschränkt. Zum einen war die Auswahl an Namen noch nicht so groß wie heute, zum anderen bestimmte meist der Vater patriarchalisch, wie der neue Erdenbürger zu heißen hatte.

Heute wählen Eltern in der Regel den Namen des Kindes gemeinsam aus – und zwar oft bereits Wochen oder gar Monate vor der Geburt, da das Geschlecht des Babys häufig schon bekannt ist. Dabei hilft ihnen eine Vielzahl von Kriterien:

- die Familientradition: Der Sohn wird nach dem Vater oder Großvater (und die Tochter nach der Mutter oder Großmutter) benannt. Im dänischen Königshaus heißen die männlichen Thronfolger auch heute noch abwechselnd Frederik oder Christian.

- ein Name, der besonders gut klingt (auch in Kombination mit dem Familiennamen)
- ein bewusst schlichter Name, der nie unmodern wird
- ein origineller oder exotischer Name, der Aufsehen erregen soll
- ein Name aus dem persönlichen Umkreis
- der kirchlich gebundene Taufname oder Patenname
- ein beliebter Modename, wie er auf Namenshitlisten und in den Medien auftaucht
- ein Name aus der Literatur: Dichter, Schriftsteller oder literarische Figuren dienen als Vorbild. Ein Beispiel hierfür ist der Name Ronja, der durch Astrid Lindgrens Kinderbuch »Ronja Räubertochter« bekannt und beliebt wurde.
- ein politisch orientierter Name: So wurde Che z.B. als Zweitname gestattet.
- ein Name von einem Idol der Gegenwart
- ein Name, der wegen seiner geografischen Herkunft gewählt wurde, z.B. weil die Eltern Schweden-Fans sind.
- ein Name, der einen Wunsch ausdrückt
- ein nostalgischer Name, der an die Heimat, liebe Freunde oder an den letzten Urlaub erinnert

Namensrechtliche Bestimmungen der Bundesrepublik Deutschland

Erste Anlaufstelle nach der Geburt eines Kindes ist das Standesamt, in dessen Bezirk das Kind geboren ist. Binnen einer Woche muss die Geburt dem zuständigen Standesbeamten angezeigt werden. Falls sich zu diesem Zeitpunkt die Eltern noch nicht über den oder die Vornamen des Kindes einig sind, haben sie einen Monat Zeit, um diesen nachzumelden. Wer darf dies tun? Der § 255 der Dienstanweisung für die Standesbeamten und ihre Aufsichtsbehörden legt dies genau fest. Hier heißt es:

Zur Anzeige der Geburt sind, und zwar in nachstehender Reihenfolge, verpflichtet
1. der Vater des Kindes, wenn er Mitinhaber der elterlichen Sorge ist,
2. die Hebamme, die bei der Geburt zugegen war,
3. der Arzt, der dabei zugegen war,
4. jede andere Person, die dabei zugegen war oder von der Geburt aus eigenem Wissen unterrichtet ist,
5. die Mutter, sobald sie zu der Anzeige imstande ist.
Die Anzeige ist mündlich zu erstatten.

Der § 262 regelt die Erteilung und Schreibweise der Vornamen. Hier heißt es:

(1) Das Recht zur Erteilung der Vornamen ergibt sich aus der Personensorge. Bei ehelichen Kindern steht dieses Recht den Eltern gemeinsam zu, in besonderen Fällen dem Ehegatten al-

lein, der die Sorge für die Person des Kindes ausübt [...]. Bei nicht ehelichen Kindern steht dieses Recht der Mutter zu.

(2) Der Standesbeamte soll sich bei der Anzeige der Vornamen vergewissern, dass die Vornamen von den berechtigten Personen erteilt worden sind.

(3) Bezeichnungen, die ihrem Wesen nach keine Vornamen sind, dürfen nicht gewählt werden. Das Gleiche gilt für Familiennamen, soweit nicht nach örtlicher Überlieferung Ausnahmen bestehen. Mehrere Vornamen können zu einem Vornamen verbunden werden; ebenso ist die Verwendung einer gebräuchlichen Kurzform eines Vornamens als selbstständiger Vorname zulässig.

(4) Für Knaben sind nur männliche, für Mädchen nur weibliche Vornamen zulässig. Nur der Vorname Maria darf Knaben neben einem oder mehreren männlichen Vornamen beigelegt werden. Lässt ein Vorname Zweifel über das Geschlecht des Kindes aufkommen, so ist zu verlangen, dass dem Kinde ein weiterer, den Zweifel ausschließender Vorname beigelegt wird.

(5) Die Schreibweise der Vornamen richtet sich nach den allgemeinen Regeln der Rechtschreibung, außer wenn trotz Belehrung eine andere Schreibweise verlangt wird. Wird eine andere Schreibweise verlangt, so soll der Standesbeamte dies aktenkundig machen.

So weit, so gut. Doch was bedeuten diese Gesetzesvorschriften im Klartext?

Zulässige Vornamen

Die Wahl des Vornamens ist zwar frei, doch dürfen dabei keine Sachbegriffe, »normale« Wörter, Produkt- oder Markennamen sowie Familiennamen gewählt werden. Häufige Streitfälle sind Pflanzennamen. Bei Mädchen sind zum Beispiel Jasmin, Rose oder Holly zulässig, nicht aber Seerose oder Pfefferminze, da diese nicht als Vornamen etabliert sind.

Auch sollte aus dem Vornamen eindeutig das Geschlecht des Kindes hervorgehen. Bei Namen wie Kai oder Toni, die nicht eindeutig verraten, ob das Kind nun männlich oder weiblich ist, muss daher ein eindeutiger Vorname als Zweitname gegeben werden, damit es später nicht zu Verwechslungen kommt. Die beliebten weiblichen Vornamen Gabriele, Simone und Andrea dürfen in Deutschland ohne Zweitnamen vergeben werden. In der Schweiz dagegen ist wegen des Einflusses der italienischen Schweiz – in Italien sind dies männliche Vornamen – ein solcher Name nur in Kombination mit einem eindeutig weiblichen oder männlichen Vornamen zulässig.

Ebenfalls nicht zulässig sind Titel als Bestandteil eines Namens. Michael Jackson, der seinen ersten Sohn Prince Michael nannte, hätte bei deutschen Behörden auf Granit gebissen, im Falle seines zweiten Sohnes, der Prince Michael II. heißt, sogar gleich doppelt: Unterscheidende Namenszusätze wie Zahlen oder »junior« sind in Deutschland nämlich ebenfalls nicht erlaubt.

In Zweifelsfällen liegt das Ermessen beim zuständigen Standesbeamten, der sich nach dem »Internationalen Buch der Vornamen« richtet, das in jedem Standesamt ausliegt. Sind Sie mit seiner Entscheidung nicht einverstanden, können Sie Einspruch dagegen einlegen. Kein Argument ist in diesem Fall übrigens, dass ein bestimmter Vorname in Großbritannien, den USA oder Kanada vorkommt, denn in diesen Ländern gibt es keinerlei Vorschriften zur Namensgebung. Schauspielerin Gwyneth Paltrow darf ihre Tochter also »Apple« nennen, in Deutschland wäre dies nicht zulässig. Ausnahmeregelungen kann es geben, wenn ein Name durch einen Prominenten etabliert wurde. Paris zum Beispiel gilt in Deutschland als männlicher Vorname (nach dem gleichnamigen Sohn des Königs Priamos von Troja aus der griechischen Mythologie). Da heutzutage jedoch die amerikanische Hotelerbin Paris Hilton bekannter ist als der sagenhafte Paris, könnte ein Gericht dies als Argument sehen, um Paris auch als Mädchennamen gelten zu lassen.

Anzahl der Vornamen

Wie viele Vornamen ein Kind tragen darf, ist gesetzlich nicht geregelt. Hier haben Standesämter und Gerichte sehr unterschiedliche Auffassungen. Während das Amtsgericht Hamburg sieben Vornamen bereits als nicht mehr tragbar ansieht, dürfen diese in Berlin jedoch problemlos eingetragen werden. Auch wenn Sie als Fußballfan Ihrem Kind am liebsten alle elf Vornamen der Spieler Ihrer Lieblingsmannschaft geben möchten, sollten Sie dennoch im Auge behalten, dass dies für Ihren Sprössling sehr unangenehm werden kann. Beim Umgang mit Ämtern und Behörden müssen nämlich stets alle Vornamen angegeben werden – und auf den wenigsten Formularen ist genug Platz, um elf Vornamen einzutragen. Die Regel sind heute ein bis maximal drei Vornamen.

Außerdem ist die Reihenfolge der Vornamen verpflichtend, das heißt, sie müssen das ganze Leben lang in der Reihenfolge angegeben werden, in der sie in der Geburtsanzeige eingetragen sind – unabhängig davon, welches nun der Rufname ist. Früher musste der Rufname noch unterstrichen werden, doch heute gelten alle Vornamen als gleichberechtigt. Für Sie als Eltern bedeutet dies: Wenn Ihr Sohn nun Stefan Maximilian heißt, so dürfen Sie ihn Stefan oder Maximilian nennen und dies zwischendurch auch ändern. Offiziell wird der Rufname nirgends festgelegt.

Schreibweise der Vornamen

Mit der Eintragung ins Geburtsregister wird auch die Schreibweise des Vornamens festgelegt, Änderungen sind später nicht mehr möglich. Daher sollten sich die Eltern bei der Geburtsanzeige über die Schreibweise eines Namens (z. B. Stefan oder Stephan) einig sein.

Namensrechtliche Bestimmungen in Österreich

In Österreich regelt das Personenstandsgesetz, wie eine Geburt anzuzeigen ist und welche Vornamen einem Kind gegeben werden dürfen. Im Einzelnen heißt es hier:

§ 18 Anzeige der Geburt
(1) Die Anzeige der Geburt obliegt der Reihenfolge nach
1. dem Leiter der Krankenanstalt, in der das Kind geboren worden ist;
2. dem Arzt oder der Hebamme, die bei der Geburt anwesend waren;

3. dem Vater oder der Mutter, wenn sie dazu innerhalb der Anzeigefrist (Abs. 2) imstande sind;

4. der Behörde oder der Dienststelle der Bundesgendarmerie, die Ermittlungen über die Geburt durchführt;

5. sonstigen Personen, die von der Geburt auf Grund eigener Wahrnehmung Kenntnis haben.

(2) Die Geburt ist der zuständigen Personenstandsbehörde innerhalb einer Woche anzuzeigen.

(3) Die Anzeige hat, soweit der Anzeigepflichtige dazu in der Lage ist, alle Angaben zu enthalten, die für Eintragungen in den Personenstandsbüchern benötigt werden.

(4) Kann die schriftliche Erklärung über die Vornamen des Kindes (§ 21 Abs. 1) zur Zeit der Anzeige nicht beigebracht werden, haben die zur Vornamensgebung berechtigten Personen die Anzeige innerhalb eines Monats nach der Geburt zu ergänzen.

§ 21 Vornamensgebung

(1) Vor der Eintragung der Vornamen des Kindes in das Geburtenbuch haben die dazu berechtigten Personen schriftlich zu erklären, welche Vornamen sie dem Kind gegeben haben. Sind die Vornamen von den Eltern einvernehmlich zu geben, genügt die Erklärung eines Elternteiles, wenn er darin versichert, dass der andere Elternteil damit einverstanden ist.

(2) Bei Kindern [...] muss zumindest der erste Vorname dem Geschlecht des Kindes entsprechen; Bezeichnungen, die nicht als Vornamen gebräuchlich oder dem Wohl des Kindes abträglich sind, dürfen nicht eingetragen werden.

(3) Stimmen die Erklärungen mehrerer zur Vornamensgebung berechtigter Personen nicht überein, hat die Personenstandsbehörde vor der Eintragung der Vornamen das Pflegschaftsge-

richt zu verständigen. Das Gleiche gilt, wenn keine Vornamen
oder solche gegeben werden, die nach Ansicht der Personen-
standsbehörde als dem Abs. 2 widersprechend nicht eingetra-
gen werden können.

§ 11 Personennamen
(1) Personennamen sind aus der für die Eintragung herange-
zogenen Urkunde buchstaben- und zeichengetreu zu übernehm-
men. Sind in der Urkunde andere als lateinische Schriftzeichen
verwendet worden, müssen die Regeln für die Transliteration
beachtet werden.
[...]

Namensrechtliche Bestimmungen in der Schweiz

In der Schweiz muss eine Geburt spätestens drei Tage nach
der Entbindung angezeigt werden. Anzeigeberechtigt sind im
Allgemeinen dieselben Personen wie in Deutschland. In der
Geburtsanzeige müssen die Vornamen des Kindes angegeben
werden; eine nachträgliche Meldung ist nicht zulässig.
Auch in der Schweiz können Eltern grundsätzlich frei entscheiden, welche und wie viele Vornamen sie ihrem Kind
geben wollen. Zurückgewiesen werden Vornamen laut Artikel 69 der Zivilstandsverordnung vom 1. Juli 1994, *»wenn sie*
offensichtlich die Interessen des Kindes oder Dritter verlet-
zen«.
In der vom Schweizerischen Verband des Zivilstandsbeamten
herausgegebenen Broschüre »Vornamen in der Schweiz« (1993)

wird genauer beschrieben, wie dieser Artikel auszulegen ist. Hier heißt es:

Nicht eintragbare Namen
Es gibt Vornamen, die in einem bestimmten Fall nicht einge-tragen werden dürfen: Mädchennamen für einen Knaben und umgekehrt.
Aus dem Wortlaut des Artikels 69 der Zivilstandsverordnung ergibt sich außerdem, dass der Zivilstandsbeamte Namen nicht eintragen darf, die anstößig oder lächerlich sind, oder die die Interessen des Kindes oder Dritter verletzen. Es ist damit die Namensgebungsfreiheit der Eltern ausdrücklich eingeschränkt. Vornamen, welche das Geschlecht des Kindes nicht ohne wei-teres erkennen lassen, können nicht allein erteilt und ein-getragen werden. Der Sinn des Personennamens besteht unter anderem darin, den Namensträger in seine Geschlechtsgemein-schaft einzuordnen.

Diskutable Namen
Es gibt Namen, die zumindest diskutabel sind, etwa weil sie den guten Geschmack verletzen. Nun sind aber gerade Ge-schmacksfragen dem Entscheid des Zivilstandsbeamten ent-zogen. Er kann persönlich sehr wohl einen von den Eltern ge-wählten Vornamen als geschmackswidrig empfinden. Sofern ein solcher Name nicht lächerlich oder anstößig ist und nicht die Interessen irgendjemandes verletzt, kann der Zivilstands-beamte ihn nicht ablehnen.

Auch in der Schweiz wird durch die Geburtsanzeige die Rei-henfolge der Vornamen eindeutig festgelegt, einen Rufnamen kennt man hier jedoch nicht. Die Anzahl der Vornamen wird nicht beschränkt.

Grundlage für das Zivilstandsregister in der Schweiz ist die Schriftsprache, mundartliche Formen wie Meieli (für Maria) oder Ruedi (für Rudolf) werden nicht eingetragen. Hilfestellung gibt das viersprachige Vornamenverzeichnis (in Deutsch, Französisch, Italienisch und Rätoromanisch), das in der bereits erwähnten Broschüre »Vornamen in der Schweiz« enthalten ist.

Da in der viersprachigen Schweiz bestimmte Vornamen je nach Sprache männlich oder weiblich sein können, dürfen diese nur in Kombination mit einem anderen, eindeutig männlichen oder weiblichen Vornamen vergeben werden. Im Einzelnen sind dies:

männlich	*weiblich*
Andrea (Andreas)	Andrea
Camille (Camill)	Camille (Camilla)
Claude (Claudius)	Claude (Claudia)
Dominique (Dominik)	Dominique (Dominika)
Gabriele (Gabriel)	Gabriele
Gerit, Gerrit (Garrit)	Gerit, Gerrit (Gerhardine)
Kai, Kaj, Kay	Kai, Kaj, Kay
Kersten (Karsten)	Kerstin, Kirsten
Patrice (Patrick)	Patrice (Patricia)
Sascha	Sascha
Simone (Simon)	Simone
Vanja	Vanja
Wanja	Wanja

Regeln der Vornamenschreibung

Obwohl Vornamen im Allgemeinen den verbindlichen Rechtschreibregeln, wie sie im Duden verzeichnet sind, folgen sollten, ist hier eine Liberalisierung eingetreten, und häufig geben individuelle Gesichtspunkte den Ausschlag. So können sich Eltern entscheiden, ob sie ihr Kind nun Carolin oder Karolin bzw. Stephan oder Stefan nennen möchten. Die Rechtschreibregeln sind in diesen Fällen nur Empfehlungen, ein paar Tipps erhalten Sie in den folgenden Abschnitten.

ai oder *ei*

Bei einigen alten deutschen Vornamen ist neben der Schreibung mit *ei* auch die Schreibung mit *ai* verbreitet, insbesondere bei Rainer oder Rainold.

c, k oder *z*

Bei lateinischen oder latinisierten Vornamen wird das *c* in der Regel zu einem *k* oder *z* eingedeutscht, z.B. bei Markus, Angelika, Veronika, Felizitas oder Patrizia. Nur bei Cäcilie und Cäsar hat sich die ursprüngliche Schreibweise erhalten. Bei einigen Namen ist wiederum die Schreibung mit *c* beliebter, z.B. bei Claudia, Cornelia, Caroline, Carla oder Clemens.

Das *ch* bleibt bei Namen griechisch-lateinischer Herkunft in der Regel erhalten (Christoph, Christina), doch werden hier in jüngster Zeit die nordischen Formen (Kristof, Kristina) immer beliebter.

d oder *t*

Bei althochdeutschen Namen hat sich die Schreibweise mit *d* durchgesetzt, also z.B. Gerhard, Waltraud, Adelheid, Hildegard, Sigmund usw.

f oder *ph*

Bei deutschen Namen ist der Schreibweise mit *f* der Vorzug zu geben, beispielsweise Alfons, Rudolf, Ralf oder Rolf.
Bei Namen griechischer Herkunft ist das *ph* die korrekte Umschrift für den griechischen Buchstaben *phi* und gilt somit als eigentlich richtige Variante, z.B. bei Christoph, Philipp, Stephan oder Sophie. Allerdings wird bei den meisten dieser Namen das *ph* mittlerweile zu einem *f* eingedeutscht, also zu Stefan, Stefanie oder Josef.

f oder *v*

Die ursprüngliche Schreibung bei Vornamen mit althochdeutsch *folk* ist die Schreibung mit *f*, doch hat sich hier unter lateinischem Einfluss schon früh das *v* durchgesetzt, wie bei Volker oder Volkhard. Nur in niederdeutschen und friesischen Varianten ist das *f* erhalten geblieben.
Bei friesischen, niederdeutschen und nordischen Namen ist die Endung auf -*f* die üblichere Variante, z.B. Olaf oder Detlef.

i oder *ie*

Die althochdeutschen Namensbestandteile *fried* und *sieg* werden heute in der Regel mit *ie* geschrieben. Ausnahmen sind Fridolin, Sigmund oder Sigismund.

Kurzformen mit -*i* oder -*y*

Im Deutschen enden Kurz- oder Koseformen in der Regel auf -*i*, wie bei Susi, Steffi oder Uli. Aus dem Englischen wurden jedoch auch die Schreibweisen mit -*y* übernommen, z.B. Andy oder Lilly.

t oder *th*

In althochdeutschen Namen wird das *th* heute meist auf ein *t* reduziert, etwa bei Günter, Walter oder Dieter, doch stehen die Formen mit *th* gleichberechtigt daneben: Günther, Walther, Diether. Sprachgeschichtlich falsch ist ein *th* jedoch bei den Vornamen Helmut, Berta oder Herta.

Bei Vornamen griechischer Herkunft bleibt das *th* in der Regel erhalten, z.B. bei Dorothea, Theodor oder Katharina.

Bei Vornamen, die aus anderen Sprachen stammen, sind beide Schreibweisen möglich, wie Thorsten/Torsten, Arthur/Artur.

Schreibung von Doppelnamen

Vornamen, die aus zwei Namen zusammengesetzt sind, können entweder zusammen oder mit Bindestrich geschrieben werden, z.B. Hans-Peter/Hanspeter, Anne-Marie/Annemarie oder Karl-Heinz/Karlheinz.

Dabei gilt ein Bindestrich-Name immer als ganzer Vorname und muss im amtlichen Verkehr auch so angegeben werden. Eine Anne-Marie Müller darf also nicht mit Anne Müller unterschreiben, auch wenn sie im Alltagsleben so genannt wird. Ist eine Schreibweise erst einmal standesamtlich registriert, darf sie nicht mehr geändert werden. Überlegen Sie also gut, ob Sie Ihr Kind wirklich mit einem Doppelnamen wie Maximilian-Alexander belasten wollen.

Einige Tipps und Hinweise zur Namenswahl

Zu guter Letzt erhalten Sie hier noch einige Hinweise zur Wahl des Vornamens, die nicht nur mit gesetzlichen Vorschriften zu tun haben, sondern auch mit dem persönlichen Geschmack – und über den lässt sich ja bekanntlich nicht streiten.

- Haben Sie bei der Wahl des Vornamens immer das Wohl Ihres Kindes im Auge, denn Ihr Sohn oder Ihre Tochter trägt diesen Namen ein Leben lang – und will ihn vielleicht nicht immer wieder buchstabieren müssen oder seinetwegen ständig gehänselt werden.
- Da heute auch gebräuchliche Kurzformen eines Vornamens eintragungsfähig sind, spricht zwar nichts dagegen, dass Sie Ihr Kind statt Benjamin oder Susanne gleich Benny oder Susi nennen. Dies ist für ein kleines Kind ja ganz niedlich, aber Kinder werden nun einmal auch größer. Und wenn Susi später dann Professorin für Astrophysik ist, möchte sie vielleicht doch lieber als Susanne ihren Nobelpreis in Empfang nehmen.
- Vor- und Zuname eines Kindes dürfen nicht identisch sein. Heißen Sie also zufällig Stefan mit Nachnamen, darf Ihr Kind nicht Stefan Stefan heißen.
- Auch mehrere Kinder innerhalb einer Familie dürfen nicht den gleichen Namen tragen, sie müssen sich zumindest durch einen Zweitnamen unterscheiden.
- Denken Sie bei Ihrer Namenswahl immer auch an den Familiennamen des Kindes, denn schließlich gehören beide zusammen. Alliterationen wie Susanne Seibold oder Markus Meier sind Geschmackssache, auch Reime wie Peter

Grether können leicht albern wirken. Verschonen Sie Ihr Kind auch mit schlechten Witzen wie zum Beispiel »Axel Schweiß« oder »Tom Bola«, wenn Sie nicht Ihr Leben lang gehasst werden wollen. Zu einem sehr langen, mehrsilbigen Nachnamen, wie zum Beispiel Obermeier, passen kurze Vornamen besser als lange, umgekehrt klingt auch ein kurzer Nachname besser mit einem langen Vornamen. Wenn Sie einen sehr häufigen Nachnamen wie Meier, Müller, Schmidt oder einen regional geprägten Nachnamen wie Weishäuptl tragen, kann ein außergewöhnlicher oder exotischer Vorname leicht lächerlich wirken.

- Nicht jeder Name passt zu jedem Kind. Natürlich können Sie bei der Geburt noch nicht wissen, wie Ihr Sprössling sich einmal entwickeln wird, aber trotzdem sollten Sie bedenken, dass ein bestimmter Name bestimmte Assoziationen weckt. Zwar trägt jeder seine eigenen positiven wie negativen Vorurteile (die erste Liebe, der verhasste Mathelehrer) gegenüber bestimmten Namen mit sich herum, doch sollten Sie Namen vermeiden, die bei den meisten Menschen bestimmte Assoziationen hervorrufen.

- Vorsicht ist auch bei Modenamen angebracht. So mussten sich Standesbeamte nach dem gleichnamigen Kinohit damit herumschlagen, ob »Nemo« als Vorname zugelassen ist und auch »Der Herr der Ringe« stand für manch ungewöhnliche Namenswünsche von Frodo und Co. Pate. Diese Namen sind allerdings auch relativ schnell wieder out – und wollen Sie Ihrem Kind in zehn Jahren wirklich erklären, dass es nach einem Zeichentrickfisch benannt wurde? Da sind Sie mit traditionellen Vornamen, wie Sie sie in diesem Buch finden, schon besser beraten!

Die schönsten traditionellen Vornamen von A bis Z

Vornamen für Jungen

Sie erwarten einen Jungen? Auf den folgenden Seiten finden Sie die schönsten traditionellen Vornamen für Jungen – von Achaz bis Zölestin.

A

Achaz   hebräisch. Bedeutung: der Herr hat ergriffen.

Achim   Kurzform zu ➜ Joachim. Berühmter Namensträger: Achim von Arnim (deutscher Schriftsteller).

Adalbero   deutsch. Bedeutung: von althochdeutsch *adal* »edel, vornehm« und *bero* »Bär«.

Adalbert, Adelbert   deutsch. Bedeutung: von althochdeutsch *adal* »edel, vornehm« und *beraht* »glänzend«. Berühmte Namensträger: Adelbert von Chamisso (deutscher Dichter), Adalbert Stifter (österreichischer Dichter).

Adalfried   deutsch. Bedeutung: von althochdeutsch *adal* »edel, vornehm« und *fridu* »Friede«.

Adalger   deutsch. Bedeutung: von althochdeutsch *adal* »edel, vornehm« und *ger* »Speer«.

Adam hebräisch. Bedeutung: der Mensch, Mann aus Erde. Biblischer Stammvater der Menschheit. Berühmte Namensträger: Adam Ries (deutscher Rechenmeister), Adam Smith (britischer Moralphilosoph und Volkwirtschaftler), Adam Opel (deutscher Industrieller).

Addi, Addy Kurzformen zu Vornamen mit Ad(al)-.

Adelar, Udelar deutsch. Bedeutung: Adler.

Adelbert Nebenform von ➞ Adalbert.

Adelhard deutsch. Bedeutung: von althochdeutsch *adal* »edel, vornehm« und *harti* »stark«.

Adi Kurzform zu Vornamen mit Ad(al)-

Adolar deutsch. Bedeutung: von althochdeutsch *adal* »edel, vornehm« und *heri* »Kriegsschar, Heer«.

Adolf, Adolph deutsch. Bedeutung: von althochdeutsch *adal* »edel, vornehm« und *wolf* »Wolf«. Kurzform: Alf. Internationale Varianten: Adolfo (italienisch), Adolphe (französisch). Berühmter Namensträger: Adolf Kolping (Begründer des katholischen Gesellenvereins).

Adrian, Hadrian lateinisch. Bedeutung: der aus der Stadt Hadria (Adria) Stammende. Internationale Varianten: Adriaen (niederländisch), Adriano (italienisch), Adrien (französisch).

Ady Kurzform zu Vornamen mit Ad(al)-.

Ägid, Ägidius griechisch. Bedeutung: Schild des Zeus.

Alban lateinisch. Bedeutung: der aus der Stadt Alban Stammende. Internationale Varianten: Albano (italienisch).

Alberich deutsch. Bedeutung: von althochdeutsch *alb* »Elfe, Naturgeist« und *rihhi* »reich«.

Albert, Albertus Kurzformen zu ➞ Adalbert. Berühmte Namensträger: Albertus Magnus (Gelehrter des Mittelalters), Albert Schweitzer (elsässischer Arzt, Theologe und Philosoph), Albert Einstein (deutscher Physiker), Albert Camus (französischer Schriftsteller). Internationale Varianten: Alberto (italienisch, spanisch).

Albin lateinisch. Bedeutung: der Weiße.

Albrecht deutsch. Nebenform von → Adalbert. Berühmter Namensträger: Albrecht Dürer (deutscher Maler).

Albuin deutsch. Bedeutung: von althochdeutsch *alb* »Elfe, Naturgeist« und *wini* »Freund«.

Alex Kurzform zu → Alexander.

Alexander griechisch. Bedeutung: Beschützer, Verteidiger. Papstname. Kurzformen: Alex, Lex, Sander. Internationale Varianten: Alec (englische Kurzform), Alejandro (spanisch), Alejo (spanische Kurzform), Alessandro (italienisch), Sandro (italienische Kurzform), Alexandre (französisch), Sandór (ungarisch), Sascha (russische Kurzform, auch weiblicher Vorname). Berühmte Namensträger: Alexander von Humboldt (deutscher Naturforscher und Geograf), Alexander Graham Bell (Erfinder des Telefons).

Alexis, Alexius griechisch. Bedeutung: Hilfe, Abwehr. Kurzformen zu → Alexander. Internationale Varianten: Alessio (italienisch), Alexei, Alexej, Aleksej (russisch), Aljoscha (russische Kurzform).

Alf Kurzform zu → Adolf und → Alfred.

Alfons, Alphons deutsch. Bedeutung: von althochdeutsch *hadu* »Kampf« und *funs* »bereit, tapfer«. Internationale Varianten: Alfonso (italienisch, spanisch), Alphonse (französisch).

Alfred englisch. Bedeutung: von altenglisch *aelf* »Naturgeist« und *raed* »Ratgeber«. Kurzform: Alf, Fred, Freddy. Internationale Varianten: Alfredo (italienisch, spanisch).

Berühmte Namensträger: Alfred de Musset (französischer Dichter), Alfred Nobel (schwedischer Chemiker), Alfred Hitchcock (englisch-amerikanischer Regisseur), Alfred Biolek (deutscher TV-Moderator).

Alois romanisierte Form des althochdeutschen Namens *Alawis* »der vollkommene Weise«. Kurzformen: Lois, Loisl.

Alphons Nebenform von ➝ Alfons.

Alwin deutsch. Jüngere Form von Adalwin. Bedeutung: von althochdeutsch *adal* »edel, vornehm« und *wini* »Freund«. Berühmter Namensträger: Alwin Schockemöhle (deutscher Springreiter).

Amadeus lateinisch. Bedeutung: Liebe Gott! (= Gottlieb). Berühmter Namensträger: Wolfgang Amadeus Mozart (österreichischer Komponist). Internationale Varianten: Amadeo (italienisch, spanisch).

Amandus lateinisch. Bedeutung: der Liebenswürdige. Internationale Varianten: Amando (italienisch).

Ambros griechisch. Bedeutung: der Göttliche.

Anastasius griechisch. Bedeutung: der Auferstandene.

Andi Kurzform zu ➝ Andreas.

Andreas, Andres griechisch. Bedeutung: der Tapfere, Mannhafte. Kurzform: Andi. Internationale Varianten: Anders (dänisch, schwedisch), Andór, András (ungarisch), André (französisch), Andrea (italienisch, als Männername nur in der Schweiz zugelassen), Andrej (russisch), Andrew (englisch), Andy (englische Koseform), Andries (niederländisch). Berühmter Namensträger: Andreas Gryphius (deutscher Dichter).

Angelus lateinisch-griechisch. Bedeutung: Engel, Bote Gottes. Internationale Varianten: Angelo, Agnolo

(italienisch). Berühmter Namensträger: Angelus Silesius
(deutscher Dichter).

Anno   Kurzform zu ➙ Arnold.

Ansbert   deutsch. Bedeutung: von althochdeutsch *ans*
»Gott« und *beraht* »glänzend«.

Anselm   deutsch. Bedeutung: von althochdeutsch *ans* »Gott«
und *helm* »Helm«. Berühmter Namensträger: Anselm
Feuerbach (deutscher Maler). Internationale Varianten:
Anselmo (italienisch).

Ansgar, Oskar, Oscar   deutsch. Bedeutung: von althochdeutsch *ans* »Gott« und *ger* »Speer«.

Anton   lateinisch. Bedeutung: geht zurück auf den alt-
römischen Geschlechternamen Antonius. Kurzformen:
Toni, Tony. Internationale Varianten: Anthony (englisch),
Antoine (französisch), Antonio (italienisch, spanisch),
Tonio (italienische Kurzform). Berühmter Namensträger:
Anton Tschechow (russischer Schriftsteller).

Armin   Kurzform zu ➙ Arminius.

Arminius   latinisierte Form der germanischen Namen aus
Ermen- oder Irmen-. Bedeutung: von germanisch *ermana*
»allumfassend, groß«. Kurzform: Armin. Berühmter
Namensträger: Armin Müller-Stahl (deutscher Schauspieler).

Arnd   Kurzform zu ➙ Arnold.

Arno   Kurzform zu ➙ Arnold.

Arnold   deutsch. Bedeutung: der wie ein Adler Herrschende.
Kurzformen: Anno, Arnd, Arno. Internationale Varianten:
Arnaud (französisch), Arne (dänisch, schwedisch).

Arthur, Artur, Arthus, Artus   keltisch. Bedeutung unklar.
Berühmter Namensträger: König Arthur (englischer
Sagenheld).

August, Augustus lateinisch. Bedeutung: der Erhabene.
Beiname römischer Herrscher. Kurzform: Gustel.
Berühmte Namensträger: August der Starke
(Kurfürst), August Bebel (Mitbegründer der
deutschen Sozialdemokratie), August Strindberg
(schwedischer Schriftsteller), August Diehl (deutscher
Schauspieler).

Augustin erweiterte Form von ➡ August.

Augustus Nebenform von ➡ August.

Aurel, Aurelius lateinisch. Bedeutung: der Goldene.
Römischer Geschlechtername. Internationale Varianten:
Orell (schweizerisch). Berühmter Namensträger: Marcus
Aurelius (römischer Kaiser).

B

Baldo friesische Kurzform zu Vornamen mit Bald-.

Balduin deutsch. Bedeutung: von althochdeutsch *bald*
»kühn« und *wini* »Freund«.

Balthasar hebräisch. Bedeutung: Gott schütze sein Leben.
Einer der Heiligen Drei Könige. Berühmte Namensträger:
Balthasar Neumann (deutscher Baumeister), Baltasar
Gracián y Morales (spanischer Philosoph).

Baptist griechisch. Ursprünglich Beiname von Johannes
dem Täufer. Auch heute noch hauptsächlich in der
Kombination Johann Baptist.

Bartholomäus hebräisch. Bedeutung: Sohn des Tolmai.
Internationale Varianten: Bartholomé (französisch),

Bartolomé (spanisch), Bartolomeo (italienisch), Romeo (italienische Kurzform).

Bastian   Kurzform zu → Sebastian.

Beat   Kurzform zu → Beatus. Besonders in der Schweiz sehr beliebt.

Beatus   lateinisch. Bedeutung: der Glückliche. Kurzform: Beat.

Ben   Kurzform zu → Benjamin.

Bendix   Kurzform zu → Benedikt.

Benedikt   lateinisch. Bedeutung: der Gesegnete. Papstname. Geht zurück auf den hl. Benedikt von Nursia, den Vater des Mönchtums. Kurzform: Bendix. Internationale Varianten: Benedetto (italienisch), Bengt (schwedisch, dänisch), Benito (italienische und spanische Kurzform), Benoît (französisch).

Benjamin   hebräisch. Bedeutung: Glückskind, Sohn der rechten (glücklichen) Hand. In der Bibel der jüngste Sohn von Jakob und Rahel. Kurzformen: Ben, Benny. Berühmte Namensträger: Benjamin Franklin (amerikanischer Staatsmann), Benjamin Britten (englischer Komponist).

Benno   selbstständige Kurzform zu → Bernhard, → Benedikt und → Benjamin.

Benny   Kurzform zu → Benjamin.

Berend   Kurzform zu → Bernhard.

Bernd   Nebenform von → Bernhard.

Bernhard   deutsch. Bedeutung: von althochdeutsch *bero* »Bär« und *harti* »hart, stark«. Internationale Varianten: Bernard (englisch, französisch), Bernardo (italienisch). Berühmte Namensträger: Bernhard Grzimek (deutscher Zoologe), Bernhard Wicki (schweizerischer Schauspieler

und Regisseur), George Bernard Shaw (irischer Schriftsteller), Bernardo Bertolucci (italienischer Regisseur).

Bert   Kurzform zu ➡ Berthold oder anderen Vornamen mit
Bert- oder -bert.

Berthold, Bertold, Bertolt   deutsch. Bedeutung: von althochdeutsch *beraht* »glänzend« und *waltan* »walten,
herrschen«. Kurzform: Bert. Berühmter Namensträger:
Bertolt Brecht (deutscher Schriftsteller).

Bertram   deutsch. Bedeutung: von althochdeutsch *beraht*
»glänzend« und *hraban* »Rabe«. Berühmter Namensträger:
Meister Bertram (deutscher Maler und Bildhauer).

Bertrand   deutsch. Bedeutung: von althochdeutsch *beraht*
»glänzend« und *rant* »Schild«. Berühmter Namensträger:
Bertrand Russel (englischer Mathematiker und Philosoph).

Bodo, Boto, Botho   deutsch. Bedeutung: 1. von altsächsisch
bodo »Gebieter« bzw. althochdeutsch *boto* »Bote«. 2.
selbstständige Kurzform zu deutschen Namen mit Bodo-,
Bode-, Bot-. Berühmter Namensträger: Bodo Kirchhoff
(deutscher Schriftsteller).

Bruno   latinisierte Form des alten deutschen Namens Brun.
Bedeutung: der Braune. Berühmte Namensträger: Bruno
Apitz (deutscher Schriftsteller), Bruno Ganz (schweizeri-
scher Schauspieler), Bruno Jonas (deutscher Kabarettist).

Burchard, Burghard, Burkart   Nebenformen zu ➡ Burkhard.

Burkhard, Burkhart, Burghard, Burchard, Burkart   deutsch.
Bedeutung: von althochdeutsch *burg* »Schutz, Zuflucht«
und *harti* »hart, stark«.

C

Carl Nebenform von ➝ Karl.

Carsten Nebenform von ➝ Karsten.

Cäsar, Caesar lateinisch. Bedeutung: Beiname im altrömischen Geschlecht der Julier. Berühmte Namensträger: Gaius Julius Cäsar (römischer Feldherr und Staatsmann), Cäsar Flaischlen (deutscher Schriftsteller).

Casimir Nebenform von ➝ Kasimir.

Caspar Nebenform von ➝ Kaspar.

Chris Kurzform zu ➝ Christian, ➝ Christoph. Nur in Verbindung mit einem eindeutig männlichen Zweitnamen zulässig.

Christel Kurzform zu ➝ Christian, ➝ Christoph. Nur in Verbindung mit einem eindeutig männlichen Zweitnamen zulässig.

Christian, Kristian lateinisch, griechischer Herkunft. Bedeutung: der Christ, der Gesalbte. Kurzformen: Chris, Christel. Internationale Varianten: Chrestien (französisch), Christer, Krister (dänisch, schwedisch), Cristian, Cristiano (italienisch). Berühmte Namensträger: Christian Morgenstern (deutscher Lyriker), Hans Christian Andersen (dänischer Schriftsteller), Christian Dior (französischer Modeschöpfer).

Christoph, Christof griechisch. Bedeutung: Christus-Träger. Kurzformen: Chris, Christel, Stoffel, Stoffer. Internationale Varianten: Christoforo (italienisch), Christophe (französisch), Christopher (englisch), Cristóbal (spanisch), Kristof (nordisch). Berühmte Namensträger: Christoph Kolumbus

(Entdecker Amerikas), Christoph Martin Wieland (deutscher Dichter).

Claas   Kurzform zu ➡ Nikolaus.

Claudius, Klaudius   lateinisch. Bedeutung: geht zurück auf den altrömischen Geschlechternamen der Claudier. Internationale Varianten: Claude (französisch, auch weiblicher Vorname), Claudio (italienisch). Berühmte Namensträger: Tiberius Claudius Nero (römischer Kaiser), Claude Debussy (französischer Komponist).

Claus   Nebenform von ➡ Klaus.

Clemens, Klemens, Klement, Klemenz   lateinisch. Bedeutung: der Milde, Gnädige. Internationale Varianten: Clement (englisch, französisch), Clemente (italienisch, spanisch). Berühmte Namensträger: Clemens Brentano (deutscher Dichter), Clemens Krauss (österreichischer Dirigent).

Cölestin, Zölestin   lateinisch. Bedeutung: der Himmlische.

Conrad   Nebenform von ➡ Konrad.

Constantin   Nebenform von ➡ Konstantin.

Corbinian   Nebenform von ➡ Korbinian.

Cord, Cordt, Kord   Nebenformen von ➡ Kurt.

Cornelius, Kornelius   lateinisch. Bedeutung: geht zurück auf das altrömische Geschlecht der Cornelier.

Crispin, Crispinus, Krispin, Krispinus   lateinisch. Bedeutung: der Kraushaarige.

Curd, Curt   Nebenformen von ➡ Kurt.

Cyrill, Cyrillus, Kyrill, Kyrillus   griechisch. Bedeutung: der rechte Herr, Gebieter.

D

Dagobert keltisch-germanisch. Bedeutung: von keltisch *daga* »gut, sehr« und althochdeutsch *beraht* »glänzend«.

Damian griechisch. Bedeutung: der aus dem Volk.

Dan Kurzform zu → Daniel.

Daniel hebräisch. Bedeutung: mein Richter ist Gott. Internationale Varianten: Daniele (italienisch), Danilo (slawisch), Dan, Danny (englische Kurzformen). Berühmte Namensträger: Daniel Day-Lewis (irischer Schauspieler), Daniel Defoe (englischer Schriftsteller), Daniel Brühl (deutscher Schauspieler).

David hebräisch. Bedeutung: der Geliebte, Liebende. Internationale Varianten: Dave (englische Kurzform), Davide (italienisch). Berühmte Namensträger: Caspar David Friedrich (deutscher Maler), David Bowie (englischer Rockmusiker), David Beckham (englischer Fußballer).

Degenhard, Deinhard deutsch. Bedeutung: von althochdeutsch *degan* »junger Held« und *harti* »hart, stark«.

Detlef, Detlev niederdeutsch. Bedeutung: Erbe, Hinterlassenschaft, Sohn des Volkes. Berühmter Namensträger: Detlev von Liliencron (deutscher Dichter).

Diederich, Diederik niederdeutsche Nebenformen von → Dietrich.

Dietbald deutsch. Bedeutung: von althochdeutsch *thiot* »Volk« und *bald* »kühn«.

Dieter, Diether deutsch. Bedeutung: von althochdeutsch *thiot* »Volk« und *heri* »Kriegsschar, Heer«. Berühmte

Namensträger: Dieter Hildebrandt (deutscher Kabarettist), Dieter Bohlen (deutscher Musiker).

Diethard deutsch. Bedeutung: von althochdeutsch *thiot* »Volk« und *harti* »hart, stark«.

Diether Nebenform von → Dieter.

Dietmar, Ditmar, Dittmar, Thietmar deutsch. Bedeutung: von althochdeutsch *thiot* »Volk« und *mari* »berühmt«. Kurzformen: Thimo, Tiemo. Berühmter Namensträger: Dietmar Schönherr (österreichischer Schauspieler).

Dietrich, Dietreich, Diederich, Diederik deutsch. Bedeutung: von althochdeutsch *thiot* »Volk« und *rihhi* »Herrschaft, Reich«. Internationale Varianten: Thierri, Thierry (französisch). Berühmter Namensträger: Dietrich Bonhoeffer (deutscher Theologe und Widerstandskämpfer).

Dirk niederdeutsche Kurzform zu → Dietrich.

Ditmar, Dittmar Nebenformen von → Dietmar.

Dolf Kurzform zu Vornamen, die auf -dolf enden, z.B. Adolf, Rudolf.

Dominik, Dominikus lateinisch. Bedeutung: der dem Herrn (Jesus Christus) Gehörende. Internationale Varianten: Domenico (italienisch), Domingo (spanisch), Dominic (englisch), Dominique (französisch, auch weiblicher Vorname).

Donat, Donatus lateinisch. Bedeutung: Geschenk Gottes. Internationale Varianten: Donato, Donatello (italienisch).

E

Eberhard   deutsch. Bedeutung: von althochdeutsch *ebur* »Eber« und *harti* »hart, stark«. Berühmter Namensträger: Eberhard Feick (deutscher Schauspieler).

Eckart   Nebenform von ➤ Eckehard. Berühmter Namensträger: Meister Eckart (deutscher Mystiker).

Eckbert, Eckbrecht, Egbert   deutsch. Bedeutung: von althochdeutsch *ekka* »Spitze einer Waffe« und *beraht* »glänzend«.

Eckehard, Ekkehard, Eckhard, Eckart   deutsch. Bedeutung: von althochdeutsch *ekka* »Spitze einer Waffe« und *harti* »hart, stark«. Berühmter Namensträger: Eckhard Henscheid (deutscher Schriftsteller).

Ed   Kurzform zu ➤ Edward, ➤ Edgar.

Eddi, Eddie, Eddy   Kurzformen zu ➤ Edward, ➤ Edgar.

Ede   Kurzform zu ➤ Eduard.

Edgar   englisch. Bedeutung: von altenglisch *ead* »Erbgut, Besitz« und *gar* »Speer«. Kurzformen: Ed, Eddi, Eddie, Eddy. Berühmte Namensträger: Edgar Allan Poe (amerikanischer Schriftsteller), Edgar Wallace (englischer Schriftsteller), Edgar Reitz (deutscher Regisseur).

Edi   Kurzform zu ➤ Eduard.

Edmund   englisch. Bedeutung: von altenglisch *ead* »Erbgut, Besitz« und *munt* »Schutz der Unmündigen«. Internationale Varianten: Edmond (französisch), Ödön (ungarisch). Berühmter Namensträger: Edmund Stoiber (bayerischer Politiker).

Eduard   eingedeutschte Form von ➤ Edward. Kurzformen: Ede, Edi. Internationale Varianten: Edoardo (italienisch),

Édouard (französisch), Edvard (norwegisch). Berühmter Namensträger: Eduard Mörike (deutscher Schriftsteller).

Edward englisch. Bedeutung: von altenglisch *ead* »Erbgut, Besitz« und *weard* »Hüter, Schützer«. Kurzformen: Ed, Eddi, Eddie, Eddy.

Egbert Nebenform von ➡ Eckbert.

Egon deutsch. Bedeutung unklar. Berühmte Namensträger: Egon Erwin Kisch (tschechischer Journalist und Schriftsteller), Egon Schiele (österreichischer Maler).

Ehrhard Nebenform von ➡ Erhard.

Eike, Eiko niederdeutsche Kurzformen zu Vornamen mit Ecke-. Eike ist nur in Verbindung mit einem eindeutig männlichen Zweitnamen zulässig.

Ekkehard Nebenform von ➡ Eckehard.

Elias biblisch, hebräischer Herkunft. Bedeutung: mein Gott ist Jahwe. Internationale Varianten: Elie (französisch), Eliot, Elliot, Ellis (englisch), Ilja (russisch). Berühmte Namensträger: Elias Holl (deutscher Baumeister), Elias Canetti (deutscher Schriftsteller).

Elmar Nebenform von Adalmar. Bedeutung: von althochdeutsch *adal* »edel, vornehm« und *mari* »berühmt«. Berühmter Namensträger: Elmar Wepper (deutscher Schauspieler).

Emanuel Nebenform von ➡ Immanuel.

Emil französisch, lateinischer Herkunft. Bedeutung: von lateinisch *aemilius* »aus der Familie der Ämilier«. Internationale Varianten: Émile (französisch), Emilio (italienisch, spanisch). Berühmte Namensträger: Emil Nolde (deutscher Maler), Émile Zola (französischer Schriftsteller).

Emmanuel Nebenform von ➡ Immanuel.

Emmerich   deutsch. Bedeutung: vom Stammesnamen der
Amaler und althochdeutsch *rihhi* »reich, mächtig«. Internationale Varianten: Imre (ungarisch).

Engelbert, Engelbrecht   deutsch. Bedeutung: vom Stammesnamen der Angeln und althochdeutsch *beraht* »glänzend«.
Berühmter Namensträger: Engelbert Humperdinck
(deutscher Komponist).

Engelhard   deutsch. Bedeutung: vom Stammesnamen der
Angeln und althochdeutsch *harti* »hart, stark«.

Engelmar   deutsch. Bedeutung: vom Stammesnamen der
Angeln und althochdeutsch *mari* »berühmt«.

Ephraim   hebräisch. Bedeutung: der doppelt Fruchtbare.
Berühmte Namensträger: Gotthold Ephraim Lessing
(deutscher Schriftsteller), Ephraim Kishon (israelischer
Schriftsteller).

Erasmus   griechisch. Bedeutung: der Liebenswerte,
Anmutige. Kurzform: Rasmus. Berühmter Namensträger:
Erasmus von Rotterdam (niederländischer Humanist).

Erhard, Erhart, Ehrhard   deutsch. Bedeutung: von althochdeutsch *era* »Ehre, Ansehen« und *harti* »hart, stark«.

Erich   deutsch. Bedeutung: von althochdeutsch *era* »Ehre,
Ansehen« und *rihhi* »reich, mächtig«. Internationale
Varianten: Eric (englisch), Erik (dänisch, schwedisch).
Berühmte Namensträger: Erich Kästner (deutscher Schrift-
steller), Erich Maria Remarque (deutscher Schriftsteller).

Ernst   deutsch. Bedeutung: der Ernste, Gestrenge,
Besonnene. Internationale Varianten: Ernest (englisch),
Ernesto, Ernestino (italienisch, spanisch), Ernö (ungarisch).
Berühmte Namensträger: Ernst Haeckel (deutscher Zoologe
und Philosoph), Ernst Barlach (deutscher Bildhauer und

Dramatiker), Ernst Reuter (deutscher Politiker), Ernst Jandl (österreichischer Schriftsteller).

Erwin deutsch. Bedeutung: von althochdeutsch *heri* »Kriegsschar, Heer« und *wini* »Freund«.

Eugen griechisch. Bedeutung: der Wohlgeborene. Internationale Varianten: Eugene (englisch), Jenö (ungarisch). Berühmter Namensträger: Eugen Roth (deutscher Schriftsteller).

Ewald deutsch. Bedeutung: von althochdeutsch *ewa* »Recht, Gesetz« und *waltan* »herrschen, walten«. Berühmter Namensträger: Ewald Christian von Kleist (deutscher Dichter).

F

Fabian lateinisch. Bedeutung: geht zurück auf den altrömischen Geschlechternamen Fabianus. Internationale Varianten: Fabio, Fabiano (italienisch), Fabien (französisch).

Falco Nebenform von → Falk.

Falk, Falko, Falco deutsch. Bedeutung: der Falke. Berühmter Namensträger: Falco (österreichischer Popsänger).

Farald, Farold, Farolt deutsch. Bedeutung: von althochdeutsch *faran* »fahren, reisen« und *waltan* »walten, herrschen«.

Faustus lateinisch. Bedeutung: der Glückbringende. Internationale Varianten: Fausto (italienisch).

Felix lateinisch. Bedeutung: der Glückliche. Berühmte Namensträger: Felix Dahn (deutscher Schriftsteller und Geschichtsschreiber), Felix Mendelssohn-Bartholdy (deutscher Komponist), Felix Magath (deutscher Fußballer).

Felizian erweiterte Form von → Felix.

Ferdinand spanische Nebenform zum germanischen Fridunant. Bedeutung: von gotisch *frith* »Friede, Schutz« und *nanth* »Kühnheit«. Internationale Varianten: Fernando (italienisch, spanisch, portugiesisch), Ferrand (französisch), Nandor (ungarisch). Berühmte Namensträger: Ferdinand Lasalle (deutscher Politiker), Ferdinand Porsche (deutscher Automobilkonstrukteur), Conrad Ferdinand Meyer (schweizerischer Dichter).

Filibert, Philibert deutsch. Bedeutung: von althochdeutsch *filu* »viel« und *beraht* »glänzend«.

Firmin, Firminius, Firmus lateinisch. Bedeutung: der Starke.

Florens, Florenz lateinisch. Bedeutung: der Blühende, der in hohem Ansehen Stehende. Internationale Varianten: Florent (französisch).

Florentin, Florentinus, Florentius Weiterbildungen von → Florens.

Florenz Nebenform von → Florens.

Florian, Florianus, Florin lateinisch. Bedeutung: der Blühende, Glänzende, in hohem Ansehen Stehende.

Focke, Focko, Foke friesische Nebenformen zu Vornamen mit Volk-.

Folke Kurzform zu Vornamen mit Volk-. Nur in Verbindung mit einem eindeutig männlichen Zweitnamen zulässig.

Folker, Folkher Nebenformen von → Volker.

Frank deutsch. Bedeutung: ursprünglich Beiname »der Franke«, aber auch »der Freie«. Berühmte Namensträger:

Frank Wedekind (deutscher Schriftsteller), Frank Sinatra (amerikanischer Sänger und Schauspieler).

Franz Kurzform zu ➙ Franziskus. Internationale Varianten: Ferenc (ungarisch), Franco (italienische Kurzform), Francis (englisch), Franek (polnisch), Frans (niederländisch, schwedisch), Paco, Pancho (spanische Kurzformen). Berühmte Namensträger: Franz Grillparzer (österreichischer Dichter), Franz Schubert (österreichischer Komponist), Franz Kafka (österreichischer Dichter), Franz Beckenbauer (deutscher »Fußballkaiser«).

Franziskus lateinisch. Bedeutung: der kleine Franzose. Der Name geht auf den heiligen Franz von Assisi zurück. Internationale Varianten: Francesco (italienisch), Francisco (spanisch), François (französisch). Berühmter Namensträger: Francesco Petrarca (italienischer Dichter und Humanist).

Fred, Freddy Kurzformen zu ➙ Alfred, ➙ Friedrich und ➙ Manfred.

Fridolin oberdeutsche Kurzform zu ➙ Friedrich.

Friedel Kurzform zu ➙ Friedrich. Nur in Verbindung mit einem eindeutig männlichen Zweitnamen zulässig.

Friedemann, Frieder deutsch. Bedeutung: von althochdeutsch *fridu* »Friede« und *man* »Mann«.

Frieder Nebenform von ➙ Friedrich und ➙ Friedemann.

Friedhelm deutsch. Bedeutung: von althochdeutsch *fridu* »Friede« und *helm* »Helm«.

Friedolin oberdeutsche Kurzform zu ➙ Friedrich.

Friedrich, Frieder deutsch. Bedeutung: von althochdeutsch *fridu* »Friede« und *rihhi* »reich, mächtig«. Kurzformen: Fred, Freddy, Friedo, Frido, Friedel, Fritz. Internationale

Varianten: Federico (italienisch, spanisch), Frédéric
(französisch), Frederick (englisch), Frederik (niederländisch), Fredrik (schwedisch), Fryderyk (polnisch).
Berühmte Namensträger: Friedrich Schiller (deutscher
Dichter), Friedrich Nietzsche (deutscher Philosoph),
Friedrich Ebert (deutscher Politiker), Friedrich Dürrenmatt
(schweizerischer Schriftsteller), Frédéric Chopin
(polnischer Komponist).

Frieso, Friso   deutsch. Bedeutung: ursprünglich Beiname
»der Friese«.

Fritz   Kurzform zu ➤ Friedrich.

Frodewin, Frowin   deutsch. Bedeutung: von althochdeutsch
fruot »klug, weise« und *wini* »Freund«.

Fürchtegott   deutsch. Bedeutung: Fürchte Gott. Berühmter
Namensträger: Christian Fürchtegott Gellert (deutscher
Schriftsteller). Meist nur als Zweitname verwendet.

G

Gabriel   hebräisch. Bedeutung: Mann Gottes. Internationale
Varianten: Gábor (ungarisch), Gabriele (italienisch, als
Männername nur in der Schweiz zugelassen). Berühmter
Namensträger: Gabriel García Márquez (kolumbianischer
Schriftsteller).

Gangolf   deutsch. Umkehrung von ➤ Wolfgang.

Garret, Garriert, Garrit   niederdeutsche Kurzformen zu
➤ Gerhard.

Gaudenz   lateinisch. Bedeutung: der Fröhliche, sich Freuende.

Gebhard   deutsch. Bedeutung: von althochdeutsch *geba* »Gabe« und *harti* »hart, stark«. Berühmter Namensträger: Gebhard Leberecht Blücher (preußischer Feldherr).

Geert   niederdeutsche Form von ➙ Gerhard.

Georg, Jörg   griechisch. Bedeutung: Ackermann, Bauer. Internationale Varianten: George (englisch), Georges (französisch), Giorgio (italienisch), Goran (serbokroatisch), György (ungarisch), Jiři (tschechisch), Jorge (spanisch), Juri (russisch). Berühmte Namensträger: Georg Friedrich Händel (deutscher Komponist), Georg Büchner (deutscher Schriftsteller), Georg Hackl (deutscher Rennrodler), George Washington (US-Präsident), George Clooney (amerikanischer Schauspieler), Giorgio Armani (italienischer Modeschöpfer).

Gerald   Nebenform von ➙ Gerwald.

Gerd   Kurzform zu ➙ Gerhard.

Gereon   lateinisch-griechisch. Bedeutung: Greis.

Gerhard, Gerhart   deutsch. Bedeutung: von althochdeutsch *ger* »Speer« und *harti* »hart, stark«. Kurzformen: Gerd, Gert, Gero. Internationale Varianten: Gérard (französisch), Gerard (englisch), Gerardo (italienisch). Berühmte Namensträger: Gerhart Hauptmann (deutscher Dichter), Gerhard Polt (deutscher Kabarettist), Gerhard Schröder (deutscher Politiker), Gérard Depardieu (französischer Schauspieler).

Geriet, Gerit   friesische Kurzformen zu ➙ Gerhard. Nur in Verbindung mit einem eindeutig männlichen Zweitnamen zulässig.

German, Germanus   lateinisch. Bedeutung: der Germane.

Gernot   deutsch. Bedeutung: von althochdeutsch *ger* »Speer« und *not* »Bedrängnis, Gefahr«.

Gero Kurzform zu ➔ Gerhard.

Gerold Nebenform von ➔ Gerwald.

Gerolf deutsch. Bedeutung: von althochdeutsch *ger* »Speer« und *wolf* »Wolf«.

Gerrit friesische Kurzform zu ➔ Gerhard. Nur in Verbindung mit einem eindeutig männlichen Zweitnamen zulässig.

Gert Kurzform zu ➔ Gerhard.

Gerwald, Gerald, Gerold deutsch. Bedeutung: von althochdeutsch *ger* »Speer« und *waltan* »walten, herrschen«.

Gideon hebräisch. Bedeutung: Baumfäller, Krieger.

Gilbert Kurzform zu ➔ Giselbert.

Gilmar Nebenform von ➔ Giselmar.

Gisbert Nebenform von ➔ Giselbert.

Giselbert, Gisbert deutsch. Bedeutung: von germanisch *gisa(l)* »Spross«, althochdeutsch *gisal* »Geisel« und *beraht* »glänzend«. Kurzform: Gilbert.

Giselher deutsch. Bedeutung: von germanisch *gisa(l)* »Spross«, althochdeutsch *gisal* »Geisel« und *heri* »Kriegsschar, Heer«.

Giselmar, Gismar, Gilmar deutsch. Bedeutung: von germanisch *gisa(l)* »Spross«, althochdeutsch *gisal* »Geisel« und *mari* »berühmt«.

Golo Kurzform zu Vornamen mit Gott-. Berühmter Namensträger: Golo Mann (deutscher Historiker und Schriftsteller).

Gottbert deutsch. Bedeutung: von althochdeutsch *got* »Gott« und *beraht* »glänzend«.

Gottfried deutsch. Bedeutung: von althochdeutsch *got* »Gott« und *fridu* »Friede«. Kurzform: Götz. Internationale Varianten: Geoffrey, Jeffrey (englisch). Berühmte Namensträger: Johann Gottfried Herder (deutscher

Schriftsteller), Gottfried Keller (schweizerischer Dichter),
Geoffrey Chaucer (englischer Schriftsteller).

Gotthelf, Gotthilf   deutsch. Bedeutung: dem Gott hilft.
Berühmter Namensträger: Gotthilf Fischer (deutscher
Chorleiter).

Gotthold   deutsch. Bedeutung: treu, hold und gütig wie
Gott. Berühmter Namensträger: Gotthold Ephraim Lessing
(deutscher Schriftsteller).

Gottlieb   deutsch. Bedeutung: 1. pietistische Neuprägung
aus dem 17./18. Jahrhundert: der Gott lieb hat. 2. zu
althochdeutsch *got* »Gott« und *leip, leiba* »Nachkomme«.
Berühmte Namensträger: Gottlieb Wilhelm Daimler
(deutscher Automobilhersteller), Friedrich Gottlieb
Klopstock (deutscher Dichter).

Gottlob   deutsch. Bedeutung: der Gott lobt.

Gottschalk   deutsch. Bedeutung: von althochdeutsch *got*
»Gott« und *scalk* »Knecht, Diener«.

Gottwald   deutsch. Bedeutung: von althochdeutsch *got*
»Gott« und *waltan* »walten, herrschen«.

Götz   Kurzform zu → Gottfried. Berühmter Namensträger:
Götz George (deutscher Schauspieler).

Gregor, Gregorius   griechisch. Bedeutung: der Wachsame.
Papstname. Internationale Varianten: Gregory, Greg
(englisch), Gregoire (französisch), Gregorio (italienisch,
spanisch). Berühmte Namensträger: Gregor Mendel
(österreichischer Botaniker), Gregor Gysi (deutscher
Politiker).

Gunter, Gunther, Günter, Günther   deutsch. Bedeutung: zu
althochdeutsch *gund* »Kampf« und *beraht* »glänzend«.
Berühmte Namensträger: Gunter Sachs (deutscher Kunst-

sammler und Fotograf), Günter Grass (deutscher Schriftsteller), Günter Netzer (deutscher Fußballer), Günther
Jauch (deutscher Fernsehmoderator).

Guntram deutsch. Bedeutung: zu althochdeutsch *gund*
»Kampf« und *hraban* »Rabe«.

Gustaf, Gustav schwedisch. Bedeutung: Stütze der Goten.
Kurzform: Gustel. Berühmte Namensträger: Gustav Klimt
(österreichischer Maler), Gustav Mahler (österreichischer
Komponist), Gustaf Gründgens (deutscher Schauspieler
und Regisseur).

Gustel Kurzform zu ➙ August und ➙ Gustav. Nur in
Verbindung mit einem eindeutig männlichen Zweitnamen
zuständig.

H

Hadamar, Hademar deutsch. Bedeutung: von althochdeutsch *hadu* »Kampf« und *mari* »berühmt«.

Hademund deutsch. Bedeutung: von althochdeutsch *hadu*
»Kampf« und *munt* »Schutz der Unmündigen«.

Hadrian Nebenform von ➙ Adrian. Papstname.

Hagen deutsch. Bedeutung: von althochdeutsch *hagan* »Hag«.
Bekannt durch Hagen von Tronje aus dem Nibelungenlied.
Internationale Varianten: Haakon, Hakon (norwegisch).

Hajo 1. friesische Kurzform zu ➙ Hagen. 2. Kurzform des
Doppelnamens ➙ Hansjoachim.

Hank, Hanke, Hanko niederdeutsche Kurzformen zu
➙ Johannes.

Hannes   1. Kurzform zu ➙ Johannes. 2. Nebenform von
➙ Hans.

Hanno   1. Kurzform zu ➙ Johannes oder ➙ Hagen.
2. Nebenform von ➙ Anno.

Hans, Hanns   Kurzformen zu ➙ Johannes. Berühmte
Namensträger: Hans Holbein der Ältere und Jüngere
(deutsche Maler), Hans Christian Andersen (dänischer
Schriftsteller), Hans Moser (österreichischer Schauspieler),
Hans Rosenthal (deutscher Quizmaster).

Hansdieter, Hans-Dieter, Hans-Dietrich   Zusammensetzung
aus ➙ Hans und ➙ Dieter bzw. ➙ Dietrich.

Hansi   Koseform zu ➙ Hans. Nur in Verbindung mit einem
eindeutig männlichen Zweitnamen zulässig.

Hansjoachim, Hans-Joachim   Zusammensetzungen aus
➙ Hans und ➙ Joachim. Kurzform: Hajo.

Hansjörg, Hans-Jörg   Zusammensetzungen aus ➙ Hans und
➙ Jörg.

Hansjürgen, Hans-Jürgen   Zusammensetzungen aus ➙ Hans
und ➙ Jürgen.

Hanspeter, Hans-Peter   Zusammensetzungen aus ➙ Hans
und ➙ Peter.

Hanswerner, Hans-Werner   Zusammensetzungen aus
➙ Hans und ➙ Werner.

Harald   nordische Form von ➙ Harold. Berühmte Namensträger: Harald Schmidt (deutscher Kabarettist), Harald
Juhnke (deutscher Schauspieler).

Hark   nordfriesische Kurzform zu Vornamen mit Har-, Her-.

Harold   altenglische und niederdeutsche Form zu althochdeutsch Herwald. Bedeutung: von althochdeutsch *heri*
»Kriegsschar, Heer« und *waltan* »walten, herrschen«.

Berühmter Namensträger: Harold Faltermeyer (deutscher Komponist).

Harro Kurzform zu Vornamen mit Har-, Her-.

Hart, Harte friesische Kurzformen zu Vornamen mit Hart- oder -hard.

Hartmann deutsch. Bedeutung: von althochdeutsch *harti* »hart, stark« und *man* »Mann«. Berühmter Namensträger: Hartmann von Aue (deutscher Dichter).

Hartmut deutsch. Bedeutung: von althochdeutsch *harti* »hart, stark« und *muot* »Mut, Eifer, Geist«.

Harto friesische Kurzform zu Vornamen mit Hart- oder -hard.

Hartwig deutsch. Bedeutung: von althochdeutsch *harti* »hart, stark« und *wig* »Kampf«.

Hasso deutsch. Bedeutung: der Hesse.

Haug Nebenform von ➙ Hugo.

Hauk, Hauke friesische Kurzformen zu ➙ Hugo. Hauke nur in Verbindung mit einem eindeutig männlichen Zweitnamen zulässig.

Hector Nebenform von ➙ Hektor.

Heiko niederdeutsche Kurzform zu ➙ Heinrich.

Heimo Kurzform zu Vornamen mit Hein-.

Hein niederdeutsche Kurzform zu ➙ Heinrich.

Heiner Kurzform zu ➙ Heinrich.

Heinrich deutsch. Bedeutung: entstanden aus dem althochdeutschen Heimerich oder Haganrich, von *hag* »Einfriedung, Hof« und *rihhi* »reich, mächtig«. Kurzformen: Heiner, Hein, Heinz, Henner. Internationale Varianten: Enrico (italienisch), Enrique (spanisch), Hendrik (niederländisch), Henri (französisch), Henrik (skandinavisch), Henry (englisch), Jendrich, Jendrick,

Jendrik, Jindrich (slawisch). Berühmte Namensträger:
Name zahlreicher Fürsten und Könige, Heinrich Heine
(deutscher Dichter), Heinrich George (deutscher Schauspieler), Heinrich Lübke (deutscher Politiker), Enrico
Caruso (italienischer Tenor), Enrique Iglesias (spanisch-
amerikanischer Popsänger), Henrik Ibsen (norwegischer
Schriftsteller), Henry Miller (amerikanischer Schriftsteller), Henry Maske (deutscher Boxer).

Heinz   Kurzform zu ➙ Heinrich. Berühmte Namensträger:
Heinz Rühmann (deutscher Schauspieler), Heinz Piontek
(deutscher Schriftsteller).

Heiri   schweizerische Kurzform zu ➙ Heinrich.

Hektor, Hector   griechisch. Bedeutung: Schirmer, Erhalter.

Helmbert, Helmbrecht   deutsch. Bedeutung: von althochdeutsch *helm* »Helm« und *beraht* »glänzend«.

Helmfried   deutsch. Bedeutung: von althochdeutsch *helm*
»Helm« und *fridu* »Friede«.

Helmut   deutsch. Bedeutung: vermutlich von althoch-
deutsch *helm* »Helm« und *muot* »Mut, Eifer, Geist«.
Berühmte Namensträger: Helmut Schmidt (deutscher
Politiker), Helmut Kohl (deutscher Politiker), Helmut
Qualtinger (österreichischer Schauspieler und Kabarettist).

Henner   Kurzform zu ➙ Heinrich.

Hennes   rheinische Kurzform zu ➙ Johannes.

Hennig, Henning   niederdeutsche Kurzformen zu
➙ Heinrich oder ➙ Johannes.

Herbert, Heribert   deutsch. Bedeutung: von althochdeutsch
heri »Kriegsschar, Heer« und *beraht* »glänzend«. Berühmte
Namensträger: Herbert von Karajan (österreichischer
Dirigent), Herbert Grönemeyer (deutscher Rocksänger).

Hermann deutsch. Bedeutung: von althochdeutsch *heri* »Kriegsschar, Heer« und *man* »Mann«. Kurzform: Hermo. Internationale Varianten: Herman (englisch), Hermien (niederländisch). Berühmte Namensträger: Hermann von Helmholtz (deutscher Physiker), Hermann Hesse (deutscher Schriftsteller).

Hermo Kurzform zu ➡ Hermann.

Herwig deutsch. Bedeutung: von althochdeutsch *heri* »Kriegsschar, Heer« und *wig* »Kampf«.

Hieronymus griechisch. Bedeutung: Mann mit dem heiligen Namen. Internationale Varianten: Jerome, Jerôme (französisch). Berühmter Namensträger: Hieronymus Bosch (niederländischer Maler).

Hilarius lateinisch. Bedeutung: der Heitere, Fröhliche.

Hildemar deutsch. Bedeutung: von althochdeutsch *hiltja* »Kampf« und *mari* »berühmt«. Kurzform: Hilmar.

Hilmar Kurzform zu ➡ Hildemar.

Hinderk, Hinnerk, Hinrich, Hindrik niederdeutsche Formen von ➡ Heinrich.

Hippolyt, Hippolytus griechisch. Bedeutung: der die Pferde loslässt.

Horatio, Horatius lateinisch. Bedeutung: geht zurück auf den altrömischen Geschlechternamen Horatius. Berühmter Namensträger: Quintus Horatius Flaccus, besser bekannt als Horaz (römischer Dichter).

Horst deutsch. Bedeutung: von mittelhochdeutsch/ niederdeutsch *horst, hurst* »Gehölz, niedriges Gestrüpp, Nest der Raubvögel«, später auch »Ritterburg«. Berühmte Namensträger: Horst Buchholz (deutscher Schauspieler), Horst Janssen (deutscher

Zeichner und Grafiker), Horst Tappert (deutscher Schauspieler).

Hubert, Hubertus deutsch. Bedeutung: Neuform von
Hugbert oder Hugubert, von althochdeutsch *hugu*
»Gedanke, Verstand« und *beraht* »glänzend«. Internationale Varianten: Howard (englisch). Berühmte
Namensträger: Hubert von Meyerinck (deutscher Schauspieler), Hubert von Goisern (österreichischer Rockmusiker).

Hugo deutsch, selbstständig gewordene Kurzform zu Vornamen mit Hug-, z. B. Hugbald oder Hugbert. Bedeutung:
von althochdeutsch *hugu* »Gedanke, Verstand«. Internationale Varianten: Hugh (englisch), Hugues (französisch), Ugo (italienisch). Berühmte Namensträger: Hugo
von Hofmannsthal (österreichischer Schriftsteller),
Hugo Wolf (österreichischer Komponist), Hugh Grant
(englischer Schauspieler).

Humbert deutsch. Bedeutung: von althochdeutsch *huni*
»Tierjunges« und *beraht* »glänzend«. Internationale
Varianten: Umberto (italienisch). Berühmter Namens-
träger: Umberto Eco (italienischer Schriftsteller).

Hunfried deutsch. Bedeutung: von althochdeutsch *huni*
»Tierjunges« und *fridu* »Friede«. Internationale Varianten:
Humphrey (englisch).

I

Ibo friesische Form von ➜ Ivo.

Ignatius, Ignaz lateinisch. Bedeutung: von lateinisch *igneus* »feurig, glühend«. Berühmter Namensträger: Ignatius von Loyola (Begründer des Jesuitenordens).

Ignaz Nebenform von ➜ Ignatius.

Immanuel, Emanuel, Emmanuel hebräisch. Bedeutung: Gott ist mit uns. Kurzform: Mendel. Internationale Varianten: Manuel, Manolo (spanisch). Berühmter Namensträger: Immanuel Kant (deutscher Philosoph).

Immo, Imo ostfriesische Kurzformen zu Vornamen mit Irm(en)-.

Ingbert Nebenform von ➜ Ingobert.

Ingo selbstständige Kurzform zu Vornamen mit Ing(o)-.

Ingobert, Ingbert deutsch. Bedeutung: von althochdeutsch *ingwio* (germanische Gottheit) und *beraht* »glänzend«.

Ingold deutsch. Bedeutung: von althochdeutsch *ingwio* (germanische Gottheit) und *waltan* »walten, herrschen«.

Ingolf deutsch. Bedeutung: von althochdeutsch *ingwio* (germanische Gottheit) und *wolf* »Wolf«. Berühmter Namensträger: Ingolf Lück (deutscher TV-Moderator und Comedian).

Ingomar deutsch. Bedeutung: von althochdeutsch *ingwio* (germanische Gottheit) und *mari* »berühmt«. Internationale Varianten: Ingemar, Ingmar (schwedisch). Berühmter Namensträger: Ingmar Bergman (schwedischer Regisseur).

Ingram deutsch. Bedeutung: von althochdeutsch *ingwio* (germanische Gottheit) und *hraban* »Rabe«.

Innozenz   lateinisch. Bedeutung: der Unschuldige. Papstname.

Irenäus, Ireneus   griechisch. Bedeutung: der Friedliche. Berühmter Namensträger: Irenäus Eibl-Eibesfeld (österreichischer Naturwissenschaftler).

Irmfried   deutsch. Bedeutung: von althochdeutsch *irmin* »allumfassend, groß« und *fridu* »Friede«.

Isaak   hebräisch. Bedeutung: Er (Gott) wird lachen. Berühmter Namensträger: Isaac Newton (englischer Naturwissenschaftler).

Isbert, Isenbert   deutsch. Bedeutung: von althochdeutsch *isan* »Eisen« und *beraht* »glänzend«.

Isidor   griechisch. Bedeutung: Geschenk der Göttin Isis.

Ismael   hebräisch. Bedeutung: Gott hört oder erhört.

Ismar   Bedeutung: von althochdeutsch *isan* »Eisen« und *mari* »berühmt«.

Ivo   englisch und ostfriesisch. Bedeutung: von althochdeutsch *iwa* »Bogen aus Eibenholz«. Internationale Varianten: Yves (französisch).

J

Jakob   hebräisch. Bedeutung: »Er möge schützen«, aber auch »Er betrügt«. Internationale Varianten: Diego (spanisch), Giacomo (italienisch), Jaap (niederländische Kurzform), Jacques (französisch), Jago, Jaime (spanisch), James (englisch), Jamie (englische Kurzform, auch weiblicher Vorname), Jim, Jimmy (englische Kurzformen),

Jascha (russisch). Berühmte Namensträger: Jakob Fugger (Augsburger Kaufmann), Jakob Grimm (deutscher Sprach- und Literaturwissenschaftler), Jean-Jacques Rousseau (französischer Philosoph), James Joyce (irischer Schriftsteller), James Dean (amerikanischer Schauspieler).

Janne niederdeutsche Form von ➙ Johannes.

Janosch Nebenform von ➙ Johannes.

Jens niederdeutsche und dänische Kurzform zu ➙ Johannes.

Jeremias hebräisch. Bedeutung: den Gott erhöht. Internationale Varianten: Jeremy (englisch), Jerry (englische Kurzform). Berühmter Namensträger: Jeremias Gotthelf (schweizerischer Dichter).

Jo Kurzform zu ➙ Johannes, ➙ Joachim oder ➙ Josef. Nur in Verbindung mit einem eindeutig männlichen Zweitnamen zulässig.

Joachim hebräisch. Bedeutung: Gott richtet auf. Kurzformen: Achim, Jo, Jochem, Jochen. Internationale Varianten: Joakim (skandinavisch), Joaquín (spanisch). Berühmte Namensträger: Joachim Ringelnatz (deutscher Schriftsteller), Joachim Fuchsberger (deutscher Schauspieler), Joachim Król (deutscher Schauspieler).

Jochemn, Jochen Kurzformen zu ➙ Joachim.

Johann Kurzform zu ➙ Johannes. Berühmte Namensträger: Johann Sebastian Bach (deutscher Komponist), Johann Wolfgang von Goethe (deutscher Dichter), Johann Strauß (österreichischer Komponist).

Johannes, Janosch hebräisch. Bedeutung: der Herr ist gnädig, gütig. Kurzformen: Hannes, Hans, Jo, Johann. Internationale Varianten: Giovanni, Gian, Gianni (italie-

nisch), Ian (schottisch), Ionannis, Yannis (neugriechisch),
Ivan, Iwan (russisch), Jack (englische Kurzform), Jan
(niederländisch, skandinavisch, tschechisch, polnisch),
Janek (polnisch), Jannik (dänische Koseform), János
(ungarisch), Janusz (polnisch), Jean (französisch, auch
weiblicher Vorname), Johan (nordisch), John (englisch),
Johnny, Jonny (englische Kurzformen), Juan (spanisch),
Jukka (finnisch). Berühmte Namensträger: Johannes
Gutenberg (Erfinder des Buchdrucks), Johannes Kepler
(deutscher Astronom), Johannes Rau (deutscher Politiker),
Jean Paul (deutscher Dichter), Jean Reno (französischer
Schauspieler), John Lennon (englischer Musiker), Johnny
Depp (amerikanischer Schauspieler).

Jonas   hebräisch. Bedeutung: Taube. Internationale
Varianten: Jonah (englisch).

Jonathan   hebräisch. Bedeutung: Gott hat gegeben,
Gottesgabe. Berühmter Namensträger: Jonathan Swift
(englischer Schriftsteller).

Jooris   niederdeutsche Form von ➜ Gregorius oder
➜ Georg.

Jörg   Nebenform von ➜ Georg. Berühmter Namensträger:
Jörg Immendorf (deutscher Maler).

Joris   niederdeutsche Form von ➜ Gregorius oder ➜ Georg.

Jörn   niederdeutsche Kurzform zu ➜ Georg.

Josef, Joseph   hebräisch. Bedeutung: Gott möge vermehren,
Gott fügt hinzu. Kurzformen: Jo, Sepp (bairisch). Internationale Varianten: Giuseppe (italienisch), Joe (englische
Kurzform), José (spanisch), Josèphe (französisch), Josip
(slawisch), Józef (polnisch), Ossip (russisch), Pepe
(spanische Koseform), Peppe, Peppo (italienische Kose-

formen). Berühmte Namensträger: Joseph Haydn (österreichischer Komponist), Joseph von Eichendorff (deutscher Schriftsteller), Joseph Beuys (deutscher Künstler), Giuseppe Verdi (italienischer Komponist), José Carreras (spanischer Tenor).

Josua, Joshua hebräisch. Bedeutung: der Herr hilft.

Julian, Julianus Nebenformen von ➤ Julius.

Julius, Julian, Julianus lateinisch. Bedeutung: geht zurück auf den altrömischen Geschlechternamen der Julier. Internationale Varianten: Giuglio, Giulio, Giuliano (italienisch), Gyula (ungarisch), Jules, Julien (französisch), Julio (spanisch). Berühmte Namensträger: Gaius Julius Cäsar (römischer Staatsmann, Feldherr und Schriftsteller), Jules Verne (französischer Schriftsteller), Julio Iglesias (spanischer Sänger).

Jupp rheinische Kurzform zu ➤ Josef.

Jürgen, Jürg niederdeutsche Kurzformen zu ➤ Georg. Internationale Varianten: Jerzy (polnisch), Jörgen (dänisch). Berühmte Namensträger: Jürgen von der Lippe (deutscher Showmaster), Jürgen Prochnow (deutscher Schauspieler), Jürgen Klinsmann (deutscher Fußballspieler und -trainer).

Justin, Justinus Nebenformen von ➤ Justus.

Justus, Justin, Justius lateinisch. Bedeutung: der Gerechte. Berühmte Namensträger: Justus Liebig (deutscher Chemiker), Justus Frantz (deutscher Pianist).

K

Kajetan   lateinisch. Bedeutung: aus der Stadt Gaëta.
Berühmter Namensträger: Kajetan von Thiene (Gründer
des Theatinerordens).

Karl, Carl   deutsch. Bedeutung: von althochdeutsch *kar(a)l*
»Mann, Ehemann«. Internationale Varianten: Carlo
(italienisch), Carlos (spanisch), Carol (rumänisch), Charles
(englisch, französisch), Kalle (schwedische Kurzform),
Karel (niederländisch, tschechisch), Karol (polnisch).
Berühmte Namensträger: Karl der Große (fränkischer
Kaiser), Karl Marx (deutscher Theoretiker des Sozialis-
mus), Karl Valentin (deutscher Komiker), Karl Lagerfeld
(deutscher Modeschöpfer), Carl Zuckmayer (deutscher
Schriftsteller), Carl Orff (deutscher Komponist), Carl Lewis
(amerikanischer Leichtathlet).

Karlheinz, Karl-Heinz   Zusammensetzungen aus ➙ Karl und
➙ Heinz.

Karsten, Carsten   niederdeutsche Formen von ➙ Christian.

Kasimir, Casimir   slawisch. Bedeutung: von slawisch *kaza*
»verkünden, zeigen« und *mir* »Friede«. Berühmter
Namensträger: Kasimir Edschmid (deutscher Schriftsteller).

Kaspar, Caspar   persisch. Bedeutung: Schatzmeister. Einer
der Heiligen Drei Könige. Internationale Varianten:
Gaspard (französisch), Gaspare, Gasparo (italienisch),
Jasper (niederländisch, englisch), Jesper (dänisch).
Berühmte Namensträger: Kaspar Hauser (Findelkind),
Caspar David Friedrich (deutscher Maler).

Kersten   niederdeutsche Form von ➙ Christian.

Klaas, Klas, Claas   Kurzformen zu ➙ Nikolaus.

Klaudius   Nebenform von ➙ Claudius.

Klaus, Claus   Kurzformen zu ➙ Nikolaus. Berühmte Namensträger: Klaus Störtebecker (Seeräuber), Klaus Mann (deutscher Schriftsteller), Klaus Kinski (deutscher Schauspieler).

Klausdieter, Klaus-Dieter   Zusammensetzungen aus ➙ Klaus und ➙ Dieter.

Klausjürgen, Klaus-Jürgen   Zusammensetzungen aus ➙ Klaus und ➙ Jürgen. Berühmter Namensträger: Klausjürgen Wussow (deutscher Schauspieler).

Klemens, Klement, Klemenz   Nebenformen von ➙ Clemens.

Knut   nordisch. Bedeutung: von althochdeutsch *chnuz* »freimütig, keck«. Internationale Varianten: Knud (dänisch). Berühmte Namensträger: Knut Hamsun (norwegischer Schriftsteller), Knut (Berliner Eisbär).

Kolman, Koloman   keltisch. Bedeutung: der Einsiedler. Internationale Varianten: Kalman (ungarisch).

Konrad, Conrad   deutsch. Bedeutung: von althochdeutsch *kuoni* »kühn, tapfer« und *rat* »Ratgeber«. Kurzformen: Konni, Konny. Internationale Varianten: Corrado (italienisch). Berühmte Namensträger: Konrad Lorenz (österreichischer Verhaltensforscher), Konrad Adenauer (deutscher Politiker).

Konradin   Verkleinerungsform zu ➙ Konrad.

Konstantin, Constantin   lateinisch. Bedeutung: der Standhafte, Beständige. Internationale Varianten: Kostja, Kosta (slawische Kurzformen). Berühmte Namensträger: Constantin von Dietze (deutscher Volkswirtschaftler), Konstantin Wecker (deutscher Liedermacher).

Korbinian, Corbinian   lateinisch. Bedeutung unklar.

Kord   Nebenform von ➤ Kurt.

Kornelius   Nebenform von ➤ Cornelius.

Krischan   niederdeutsche Form von ➤ Christian.

Krispin, Krispinus   Nebenformen von ➤ Crispin.

Kristian   Nebenform von ➤ Christian.

Kunibald   deutsch. Bedeutung: von althochdeutsch *kunni* »Sippe, Geschlecht« und *bald* »kühn«.

Kunibert   deutsch. Bedeutung: von althochdeutsch *kunni* »Sippe, Geschlecht« und *beraht* »glänzend«.

Kuno   selbstständige Kurzform zu ➤ Konrad und Vornamen mit Kuni-.

Kurt, Curt, Curd, Cord, Cordt, Kord   selbstständige Kurzformen zu ➤ Konrad. Berühmte Namensträger: Kurt Tucholsky (deutscher Schriftsteller), Kurt Schumacher (deutscher Politiker), Kurt Cobain (amerikanischer Rockmusiker).

Kyrill, Kyrillus   Nebenformen von ➤ Cyrill.

L

Laban   hebräisch. Bedeutung: der Weiße.

Ladewig   niederdeutsche Form von ➤ Ludwig.

Lambert, Lampert, Lambrecht, Lamprecht   deutsch. Bedeutung: von althochdeutsch *lant* »Land« und *beraht* »glänzend«. Berühmter Namensträger: Lambert von Hersfeld (deutscher Geschichtsschreiber).

Landerich, Landrich   deutsch. Bedeutung: von althochdeutsch *lant* »Land« und *rihhi* »reich, mächtig«.

Landewin, Landwin, Lantwin deutsch. Bedeutung: von althochdeutsch *lant* »Land« und *wini* »Freund«.

Landfried deutsch. Bedeutung: von althochdeutsch *lant* »Land« und *fridu* »Friede«.

Lando Kurzform zu Vornamen mit Land-.

Landolf, Landulf deutsch. Bedeutung: von althochdeutsch *lant* »Land« und *wolf* »Wolf«.

Landrich Nebenform von ➡ Landerich.

Landulf Nebenform von ➡ Landolf.

Landwin Nebenform von ➡ Landewin.

Lantwin Nebenform von ➡ Landewin.

Laurentius, Laurenz lateinisch. Bedeutung: geht zurück auf den römischen Beinamen Laurentius (der aus der Stadt Laurentum Stammende). Kurzform: Lenz. Internationale Varianten: Laurence, Lawrence (englisch), Larry (englische Kurzform), Lars (schwedisch), Lasse (schwedische Koseform), Laurens (schwedisch), Laurent (französisch), Lauri (finnisch, norwegisch), Laurids, Lauritz (dänisch), Lorenzo (italienisch, spanisch), Loris (italienisch, schweizerisch, auch weiblicher Vorname), Renzo (italienische Kurzform). Berühmter Namensträger: Lars Gustafsson (schwedischer Schriftsteller).

Leander griechisch. Bedeutung: von griechisch *laós* »Volk« und *andrós* »Mann«. Berühmter Namensträger: Leander Haussmann (deutscher Schauspieler und Regisseur).

Leberecht, Lebrecht deutsch. Bedeutung: pietistische Neuprägung aus dem 17./18. Jahrhundert: Lebe recht! Berühmter Namensträger: Gebhard Leberecht von Blücher (preußischer Feldmarschall).

Lenard, Lenhard Nebenformen von ➡ Leonhard.

Lenz   Kurzform zu ➙ Lorenz, ➙ Laurentius.

Leo, Leon   Kurzformen zu ➙ Leonhard.

Leonard   Nebenform von ➙ Leonhard.

Leonhard, Leonard, Lenard, Lenhard   lateinisch-deutsch. Bedeutung: von lateinisch *leo* »Löwe« und althochdeutsch *harti* »hart, stark«. Kurzformen: Leo, Leon. Internationale Varianten: Lennart, Linnart (schwedisch), Lenny (englische Kurzform), Léonard (französisch), Leonardo (italienisch). Berühmte Namensträger: Leonhard Euler (schweizerischer Mathematiker), Leonard Bernstein (amerikanischer Dirigent und Komponist), Leonardo da Vinci (italienisches Universalgenie), Leonardo DiCaprio (amerikanischer Schauspieler).

Leopold, Leupold, Leupolt   deutsch. Bedeutung: von althochdeutsch *liut* »Volk« und *bald* »kühn«. Kurzform: Poldi. Internationale Varianten: Leopoldo (italienisch). Berühmte Namensträger: Leopold Mozart (Vater von Wolfgang Amadeus Mozart), Leopold von Ranke (deutscher Historiker).

Lex   Kurzform zu ➙ Alexander.

Liebert   deutsch. Bedeutung: von althochdeutsch *liob* »lieb« und *beraht* »glänzend«.

Liebfried   deutsch. Bedeutung: von althochdeutsch *liob* »lieb« und *fridu* »Friede«.

Liebhard   deutsch. Bedeutung: von althochdeutsch *liob* »lieb« und *harti* »hart, stark«.

Linus   1. griechisch. Bedeutung: geht auf den altgriechischen Personennamen Linos zurück. 2. Kurzform zu Namen, die auf -linus enden, z.B. Paulinus. Internationale Varianten: Lino (italienisch). Berühmter Namensträger: Linus Pauling (amerikanischer Chemiker).

Lion Nebenform von ➙ Leo, Leon. Berühmter Namensträger: Lion Feuchtwanger (deutscher Schriftsteller).

Litthard deutsch. Bedeutung: von althochdeutsch *liut* »Volk« und *harti* »hart, stark«.

Lois, Loisl Kurzformen zu ➙ Alois.

Lorenz eingedeutschte Form von ➙ Laurentius.

Lothar deutsch. Bedeutung: von althochdeutsch *hlut* »laut, berühmt« und *heri* »Kriegsschar, Heer«. Berühmte Namensträger: Lothar Späth (deutscher Politiker), Lothar Matthäus (deutscher Fußballer).

Lovis, Lowis niederdeutsche Formen von ➙ Ludwig.

Lucas Nebenform von ➙ Lukas.

Lucian, Lucianus erweiterte Formen von ➙ Lucius.

Lucius, Luzius lateinisch. Bedeutung: der Lichte, der Glänzende, auch: der bei Tagesanbruch Geborene. Papstname. Internationale Varianten: Lucio, Luciano (italienisch), Lucien (französisch).

Ludger Nebenform von ➙ Luitger. Berühmter Namensträger: Ludger Beerbaum (deutscher Springreiter).

Ludo Kurzform zu Vornamen mit Lud-.

Ludolf Nebenform von ➙ Luitolf.

Ludwig deutsch. Bedeutung: von althochdeutsch *hlut* »laut, berühmt« und *wig* »Kampf«. Kurzform: Lutz. Internationale Varianten: Lajos (ungarisch), Lewis (englisch), Lodewig, Lodewik (niederländisch), Louis (französisch), Lowik (niederländisch), Luigi, Ludovico (italienisch), Gigi, Gino (italienische Koseformen), Ludvig (rätoromanisch, schwedisch), Luis (rätoromanisch, spanisch), Luiz (spanisch). Berühmte Namensträger: Ludwig Tieck (deutscher Dichter), Ludwig Feuerbach (deutscher

Philosoph), Ludwig Erhard (deutscher Politiker), Louis
Pasteur (französischer Chemiker), Louis Armstrong
(amerikanischer Jazzmusiker).

Luitbald, Luitpold deutsch. Bedeutung: von althochdeutsch
liut »Volk« und *bald* »kühn«.

Luitbert, Luitbrecht deutsch. Bedeutung: von althochdeutsch *liut* »Volk« und *beraht* »glänzend«.

Luitbrand deutsch. Bedeutung: von althochdeutsch *liut*
»Volk« und *brant* »Brand, Brennen«.

Luitbrecht Nebenform von ➞ Luitbert.

Luitfried deutsch. Bedeutung: von althochdeutsch *liut*
»Volk« und *fridu* »Friede«.

Luitger, Ludger deutsch. Bedeutung: von althochdeutsch
liut »Volk« und *ger* »Speer«.

Luithard deutsch. Bedeutung: von althochdeutsch *liut*
»Volk« und *harti* »hart, stark«.

Luitolf, Ludolf deutsch. Bedeutung: von althochdeutsch *liut*
»Volk« und *wolf* »Wolf«.

Luitpold Nebenform von ➞ Luitbald. Berühmter Namensträger: Prinzregent Luitpold von Bayern.

Luitwin deutsch. Bedeutung: von althochdeutsch *liut*
»Volk« und *wini* »Freund«.

Lukas, Lucas lateinisch. Bedeutung: geht auf den Evangelisten
Lukas zurück, der dem Namen nach aus dem unteritalie-
nischen Lucania stammte. Internationale Varianten: Luc
(französische Kurzform), Luca (italienisch), Luke (englische
Kurzform). Berühmte Namensträger: Lucas Cranach der
Ältere und Lucas Cranach der Jüngere (deutsche Maler).

Lutz Kurzform zu ➞ Ludwig.

Luzius Nebenform von ➞ Lucius.

M

Maarten niederdeutsche Form von ➔ Martin.

Magnus lateinisch. Bedeutung: der Große, Angesehene. Berühmter Namensträger: Hans Magnus Enzensberger (deutscher Lyriker und Schriftsteller).

Mainart, Maint ostfriesische Formen von ➔ Meinhard.

Malwin deutsch. Bedeutung: von althochdeutsch *mahal* »Gerichtsstätte« und *wini* »Freund«.

Manfred deutsch. Bedeutung: von althochdeutsch *man* »Mann« und *fridu* »Friede«. Kurzformen: Fred, Freddy, Manni. Berühmte Namensträger: Manfred Freiherr von Richthofen (deutscher Jagdflieger), Manfred Krug (deutscher Schauspieler).

Manhard, Manhart deutsch. Bedeutung: von althochdeutsch *man* »Mann« und *harti* »hart, stark«.

Manni Kurzform zu ➔ Manfred.

Marbert deutsch. Bedeutung: von althochdeutsch *marah* »Pferd« und *beraht* »glänzend«.

Marbod deutsch. Bedeutung: von althochdeutsch *marah* »Pferd« und *boto* »Bote«.

Marcus lateinische Form von ➔ Markus.

Marhold deutsch. Bedeutung: von althochdeutsch *marah* »Pferd« und *waltan* »walten, herrschen«.

Maria als männlicher Zweitname zugelassen. Berühmte Namensträger: Rainer Maria Rilke (österreichischer Dichter), Klaus Maria Brandauer (österreichischer Schauspieler).

Marius lateinisch. Bedeutung: geht zurück auf den altrömischen Geschlechternamen der Marier. Internationale

Varianten: Mario (italienisch, spanisch). Berühmter Namensträger: Marius Müller-Westernhagen (deutscher Schauspieler und Rocksänger).

Markus, Marcus   lateinisch. Bedeutung: Sohn des Mars (römischer Kriegsgott). Internationale Varianten: Marc (französisch), Marco (italienisch, spanisch), Marek (slawisch), Mark (englisch, dänisch, niederländisch), Marko (südslawisch). Berühmter Namensträger: Markus Lüpertz (deutscher Künstler).

Markward, Markwart, Marquard   deutsch. Bedeutung: von althochdeutsch *marcha* »Grenze« und *wart* »Hüter«.

Mart   Kurzform zu ➙ Martin.

Märten   Nebenform von ➙ Martin.

Martin   lateinisch. Bedeutung: geht auf den römischen Beinamen Martinus (von Mars, dem römischen Kriegsgott) zurück. Kurzform: Mart. Internationale Varianten: Maarten (niederländisch), Marten (niederländisch, schwedisch), Martino (italienisch), Merten (niederländisch), Morten (dänisch, norwegisch). Berühmte Namensträger: Martin Luther (deutscher Reformator), Martin Heidegger (deutscher Philosoph), Martin Walser (deutscher Schriftsteller).

Marwin   deutsch. Bedeutung: von althochdeutsch *mari* »berühmt« und *wini* »Freund«.

Mathias   Nebenform von ➙ Matthias.

Mathis   niederdeutsche Form von ➙ Matthias.

Mattes   Kurzform zu ➙ Matthias.

Matthäus   Nebenform von ➙ Matthias. Internationale Varianten: Matteo (italienisch).

Matthias, Mathias, Matthäus   hebräisch. Bedeutung: Gabe des Herrn, Gottesgeschenk. Kurzformen: Mattes, Hias (bairisch). Internationale Varianten: Mads, Mats (nordische Kurzformen), Matthew (englisch), Matt (englische Kurzform), Mathieu (französisch), Matti (finnisch), Mattia (italienisch). Berühmte Namensträger: Matthias Grünewald (deutscher Maler), Matthias Claudius (deutscher Dichter).

Mauritius   lateinisch. Bedeutung: der Mohr, der Maure aus der römischen Provinz Mauretania.

Mauritz, Mauriz   Nebenformen von ➙ Moritz.

Maurus   lateinisch. Bedeutung: der Mohr, der Maure aus der römischen Provinz Mauretania. Internationale Varianten: Mauro (italienisch).

Max   Kurzform zu ➙ Maximilian.

Maxim   Kurzform zu ➙ Maximus.

Maximilian   lateinisch. Bedeutung: geht auf die römischen Beinamen Maximus bzw. Maximianus (der Größte, Älteste, Erhabenste) zurück. Kurzform: Max. Berühmte Namensträger: Maximilian Harden (deutscher Publizist), Maximilian Schell (schweizerischer Schauspieler).

Maximus   lateinisch. Bedeutung: geht auf die römischen Beinamen Maximus bzw. Maximianus (der Größte, Älteste, Erhabenste) zurück. Kurzform: Maxim. Internationale Varianten: Massimo (italienisch), Maxime (französisch).

Meiko   niederdeutsche Kurzform zu Vornamen mit Mein-.

Meinald, Meinold, Meinhold   deutsch. Bedeutung: von althochdeutsch *magan, megin* »Kraft, Macht« und *waltan* »walten, herrschen«.

Meinard   Nebenform von ➙ Meinhard.

Meinbold   deutsch. Bedeutung: von althochdeutsch *magan, megin* »Kraft, Macht« und altsächsisch *bodo* »Gebieter«.

Meinfried deutsch. Bedeutung: von althochdeutsch *magan, megin* »Kraft, Macht« und *fridu* »Friede«.

Meinhard, Meinard deutsch. Bedeutung: von althochdeutsch *magan, megin* »Kraft, Macht« und *harti* »hart, stark«.

Meinhold Nebenform von → Meinald.

Meino friesische Kurzform zu Vornamen mit Mein-.

Meinold Nebenform von → Meinald.

Meinolf, Meinulf deutsch. Bedeutung: von althochdeutsch *magan, megin* »Kraft, Macht« und *wolf* »Wolf«.

Meinrad deutsch. Bedeutung: von althochdeutsch *magan, megin* »Kraft, Macht« und *rat* »Ratgeber«.

Meinulf Nebenform von → Meinolf.

Meinward deutsch. Bedeutung: von althochdeutsch *magan, megin* »Kraft, Macht« und *wart* »Hüter«.

Melchior, Melcher hebräisch. Bedeutung: Gott ist König des Lichts. Einer der Heiligen Drei Könige.

Menard, Menardus ostfriesische Formen von → Meinhard.

Mendel Kurzform zu → Immanuel.

Mense friesische Kurzform zu Vornamen mit Mein-.

Meso friesische Kurzform zu Vornamen mit Mein-.

Michal Kurzform zu → Michael.

Michael hebräisch. Bedeutung: Wer ist wie Gott? Kurzformen: Michal, Michel, Mick, Mika (auch weiblicher Vorname), Mike, Mischa. Internationale Varianten: Michail (slawisch), Michel (französisch), Michele (italienisch), Michiel (niederländisch), Mickel (dänisch, schwedisch), Miguel (spanisch, portugiesisch), Mihály (ungarisch), Mikael (schwedisch, norwegisch). Berühmte Namensträger: Michael Ende (deutscher Schriftsteller),

Michael Schumacher (deutscher Rennfahrer), Michael Ballack (deutscher Fußballer), Michail Gorbatschow (russischer Politiker).

Michel, Mick, Mika, Mike, Mischa   Kurzformen zu ➔ Michael.

Modest   lateinisch. Bedeutung: der Bescheidene. Berühmter Namensträger: Modest Mussorgski (russischer Komponist).

Mombert, Mombrecht   deutsch. Bedeutung: von althochdeutsch *muni* »Geist, Gedanke« und *beraht* »glänzend«.

Moritz, Mauritz, Mauriz   deutsche Form von ➔ Maurus, ➔ Mauritius. Internationale Varianten: Maurice (englisch, französisch), Maurizio (italienisch), Morris (englisch). Berühmte Namensträger: Moritz von Sachsen (Kurfürst), Moritz Bleibtreu (deutscher Schauspieler), Maurice Ravel (französischer Komponist).

Munibert   deutsch. Bedeutung: von althochdeutsch *muni* »Geist, Gedanke« und *beraht* »glänzend«.

N

Nandolf   deutsch. Bedeutung: von gotisch *nantha* »wagemutig, kühn« und *wolf* »Wolf«.

Nanno   friesische Kurzform zu Vornamen mit Nant-.

Nante   niederdeutsche Kurzform zu ➔ Ferdinand.

Nantwig   deutsch. Bedeutung: von gotisch *nantha* »wagemutig, kühn« und *wig* »Kampf«.

Nantwin   deutsch. Bedeutung: von gotisch *nantha* »wagemutig, kühn« und *wini* »Freund«.

Nathan   hebräisch. Bedeutung: Gott hat gegeben.

Nathanael, Nathaniel   hebräisch. Bedeutung: Gott hat gegeben. Berühmter Namensträger: Nathaniel Hawthorne (amerikanischer Schriftsteller).

Neidhard, Neithart, Nithard   deutsch. Bedeutung: von althochdeutsch *nid* »Kampfeszorn, wilder Eifer« und *harti* »hart, stark«. Berühmter Namensträger: Neidhard von Reuenthal (deutscher Dichter).

Nepomuk   tschechisch. Bedeutung: geht auf den böhmischen Ortsnamen Nepomuk (früherer Name Pomuk) zurück, und zwar auf den heiligen Johannes von Nepomuk, durch den der Name populär wurde. Kurzform: Muck. Berühmter Namensträger: Johann Nepomuk Nestroy (österreichischer Schriftsteller und Schauspieler).

Nero   lateinisch. Bedeutung: der Starke, Strenge.

Nestor   griechisch. Bedeutung: geht auf Homers »Odyssee« zurück, in der Nestor die Griechen im Kampf gegen Troja besiegte.

Nick, Nik, Niklas, Niklaus, Niko   Kurzformen zu → Nikolaus.

Nikodemus   griechisch. Bedeutung: Volkssieger.

Nikolaus   griechisch. Bedeutung: von griechisch *nike* »Sieg« und *laos* »Volk, Kriegsvolk«. Kurzformen: Klaas, Klas, Claas, Klaus, Claus, Nick, Nik, Niklas, Niklaus, Niko. Internationale Varianten: Miklas, Mikola, Mikolas (slawisch), Miklós (ungarisch), Niccolò (italienisch), Nicholas (englisch), Niclo (rätoromanisch), Nicola (italienisch, auch weiblicher Vorname), Nicolaas (niederländisch), Nicolas (französisch), Nikolai, Nikolaj (russisch), Nikita, Kolja (russische Kurzformen), Nikos (neugriechisch). Berühmte Namensträger: Nikolaus Kopernikus (deutscher

Astronom), Nikolaus Lenau (österreichischer Dichter),
Niklas von Wyle (schweizerischer Humanist), Niccolò
Paganini (italienischer Violin-Virtuose).

Nithard   Nebenform von ➜ Neidhard.

Noa, Noah   hebräisch. Bedeutung: Ruhebringer.
Berühmter Namensträger: Noah Webster (amerikanischer
Lexikograph).

Nolde, Nolte   friesische Kurzformen zu ➜ Arnold.

Nonne, Nonno   friesische Kurzform zu Vornamen mit Nant-.

Norbert   deutsch. Bedeutung: von althochdeutsch *nord*
»Norden« und *beraht* »glänzend«. Berühmte Namensträger:
Norbert Elias (deutscher Kultursoziologe), Norbert Blüm
(deutscher Politiker).

Nordfried, Norfried   deutsch. Bedeutung: von althochdeutsch *nord* »Norden« und *fridu* »Friede«.

Nordwin, Norwin   deutsch. Bedeutung: von althochdeutsch
nord »Norden« und *wini* »Freund«.

Norfried   Nebenform von ➜ Nordfried.

Norman   deutsch. Bedeutung: von althochdeutsch *nord*
»Norden« und *man* »Mann«. Berühmter Namensträger:
Norman Mailer (amerikanischer Schriftsteller).

Norwin   Nebenform von ➜ Nordwin.

Notger   Nebenform von ➜ Notker.

Notker, Notger   deutsch. Bedeutung: von althochdeutsch
not »Not« und *ger* »Speer«.

Obbe, Obbo friesische Kurzformen zu Vornamen mit Od-, Ot-.

Ode friesische Kurzform zu Vornamen mit Od-, Ot-.

Odemar Nebenform von ➼ Odomar.

Odilo Koseform zu ➼ Odo.

Odo deutsch. Selbstständige Kurzform zu Vornamen mit Od-, Ot-.

Odomar, Odemar Nebenformen von ➼ Otmar.

Oldrik niederdeutsche Form von ➼ Ulrich.

Olf Kurzform zu Vornamen, die auf -olf enden.

Olfer, Olfert ostfriesische Kurzformen zu ➼ Wolfhard.

Oliver geht zurück auf den altfranzösischen Namen Olivier, den Waffengefährten Rolands in der Rolandssage. Bedeutung: von altfranzösisch *olif* »Olivenzweig«. Kurzform: Olli. Internationale Varianten: Olivier (französisch), Oliviero (italienisch). Berühmte Namensträger: Oliver Cromwell (englischer Staatsmann), Oliver Hardy (amerikanischer Komiker), Oliver Kahn (deutscher Fußballer).

Olli Kurzform zu ➼ Oliver.

Oltman friesisch. Bedeutung: von althochdeutsch *ald* »bewährt« und *man* »Mann«.

Omke, Omko, Omme, Ommo friesische Kurzformen zu Vornamen mit Od-, Ot-.

Ortfried deutsch. Bedeutung: von althochdeutsch *ort* »Spitze der Waffe« und *fridu* »Friede«.

Ortger deutsch. Bedeutung: von althochdeutsch *ort* »Spitze der Waffe« und *ger* »Speer«.

Ortlieb deutsch. Bedeutung: von althochdeutsch *ort* »Spitze der Waffe« und *leiba* »Erbe«.

Ortnid, Ortnit deutsch. Bedeutung: von althochdeutsch *ort* »Spitze der Waffe« und *nid* »Kampfeszorn, wilder Eifer«.

Ortnulf Nebenform von ➝ Ortolf.

Ortolf, Ortulf, Ortnulf deutsch. Bedeutung: von althochdeutsch *ort* »Spitze der Waffe« und *wolf* »Wolf«.

Ortolt Nebenform von ➝ Ortwald.

Ortulf Nebenform von ➝ Ortolf.

Ortwald, Ortolt deutsch. Bedeutung: von althochdeutsch *ort* »Spitze der Waffe« und *waltan* »walten, herrschen«.

Ortwein, Ortwin deutsch. Bedeutung: von althochdeutsch *ort* »Spitze der Waffe« und *wini* »Freund«.

Oscar Nebenform von ➝ Oskar.

Oskar, Oscar Nebenformen von ➝ Ansgar. Berühmte Namensträger: Oskar Kokoschka (österreichischer Maler), Oskar Maria Graf (deutscher Schriftsteller), Oscar Wilde (englischer Schriftsteller).

Osmar, Usmar deutsch. Bedeutung: von althochdeutsch *ans* »Gott« und *mari* »berühmt«.

Osmunt deutsch. Bedeutung: von althochdeutsch *ans* »Gott« und *munt* »Schutz der Unmündigen«.

Ossi, Ossy Kurzform zu Vornamen mit Os-.

Oswald, Oswalt altsächsische Nebenformen von Answald. Bedeutung: von althochdeutsch *ans* »Gott« und *waltan* »walten, herrschen«. Berühmte Namensträger: Oswald Spengler (deutscher Philosoph), Oswalt Kolle (deutscher Sexualaufklärer).

Otbert deutsch. Bedeutung: von althochdeutsch *ot* »Besitz« und *beraht* »glänzend«.

Otfried, Ottfried   deutsch. Bedeutung: von althochdeutsch *ot* »Besitz« und *fridu* »Friede«. Berühmte Namensträger: Ottfried Fischer (deutscher Kabarettist und Schauspieler), Otfried Preußler (deutscher Kinderbuchautor).

Otger, Otker   deutsch. Bedeutung: von althochdeutsch *ot* »Besitz« und *ger* »Speer«.

Othmar   Nebenform von ➡ Otmar.

Otmar, Othmar, Ottmar, Odomar, Odemar   deutsch. Bedeutung: von althochdeutsch *ot* »Besitz« und *mari* »berühmt«.

Otmund   deutsch. Bedeutung: von althochdeutsch *ot* »Besitz« und *munt* »Schutz der Unmündigen«.

Ott   Kurzform zu Vornamen mit Ot-, Ott-.

Ottfried   Nebenform von ➡ Otfried.

Ottheinrich   Zusammensetzung aus ➡ Otto und ➡ Heinrich.

Ottmar   Nebenform von ➡ Otmar.

Otto   deutsch, selbstständige Kurzform zu Vornamen mit Ot-, Ott-. Bedeutung: von althochdeutsch *ot* »Besitz«. Kurzformen: Udo, Uto. Internationale Varianten: Ota (tschechisch), Otte (schwedisch). Berühmte Namensträger: Otto von Bismarck (deutscher Politiker), Otto Rehhagel (deutscher Fußballtrainer), Otto Schily (deutscher Politiker), Otto Waalkes (deutscher Komiker).

Ottokar   deutsch. Bedeutung: von althochdeutsch *ot* »Besitz« und *wakar* »wachsam, munter«.

Otwald   deutsch. Bedeutung: von althochdeutsch *ot* »Besitz« und *waltan* »walten, herrschen«.

Otwin   deutsch. Bedeutung: von althochdeutsch *ot* »Besitz« und *wini* »Freund«. Internationale Varianten: Edwin (englisch).

P

Paale   friesische Form von ➞ Paul.

Pals   friesische Form von ➞ Paul.

Pankratius, Pankraz   lateinisch, griechischer Herkunft.
Bedeutung: von griechisch *pan* »ganz« und *krátos* »Kraft,
Macht«.

Pantaleon   griechisch. Bedeutung: ein ganz Barmherziger.

Paschalis   lateinisch. Bedeutung: der zu Ostern Gehörende,
der Österliche. Internationale Varianten: Pascal
(französisch), Pascual (spanisch), Pasquale (italienisch).

Paul   lateinisch. Bedeutung: der Kleine. Papstname.
Internationale Varianten: Paavo (finnisch), Pablo
(spanisch), Pál (ungarisch), Paolo, Paolino (italienisch),
Pavel (tschechisch), Pawel (russisch), Poul (dänisch).
Berühmte Namensträger: Paul Klee (schweizerisch-
deutscher Maler), Paul Celan (deutscher Schriftsteller),
Paul McCartney (englischer Musiker), Pablo Picasso
(spanischer Maler), Pablo Neruda (chilenischer Dichter).

Paulin, Paulinus   erweiterte Formen von ➞ Paul.

Paulus   lateinische Form von ➞ Paul.

Peeke   friesische Form von ➞ Peter.

Peregrin, Peregrinus   lateinisch. Bedeutung: der Fremde,
Reisende, später auch: Pilger. Internationale Varianten:
Pellegrino (italienisch).

Peter   griechisch-lateinisch. Bedeutung: Fels, Felssitz.
Internationale Varianten: Pär, Per (schwedisch), Peder
(dänisch), Pedro, Perez (spanisch), Peer (nordisch),
Pelle (schwedische Koseform), Petar (bulgarisch, serbo-

kroatisch), Pete (englische Kurzform), Petö (ungarisch),
Petr (slawisch), Pier, Piero, Pietro (italienisch), Pierre
(französisch), Piet, Pieter (niederländisch), Pjotr (russisch).
Berühmte Namensträger: Peter Paul Rubens (niederländi-
scher Maler), Peter Ustinov (englischer Schauspieler und
Schriftsteller), Peter Maffay (deutscher Sänger), Pedro
Almodóvar (spanischer Regisseur), Pierre Brice (franzö-
sischer Schauspieler), Pierre Littbarski (deutscher
Fußballer), Pieter Breughel (niederländischer Maler).

Petrus lateinische Form von → Peter.

Philhard Zusammensetzung aus → Philipp und → Gerhard.

Philibert Nebenform von → Filibert.

Philipp griechisch. Bedeutung: Pferdefreund. Kurzform:
Phil (englisch). Internationale Varianten: Felipe
(spanisch), Filip (slawisch), Filippo, Filippino (italienisch),
Philip (englisch), Philippe (französisch). Berühmte
Namensträger: Philipp Melanchthon (deutscher
Humanist), Philipp Scheidemann (deutscher Politiker),
Philippe Noiret (französischer Schauspieler).

Pinkas Nebenform von → Pinkus. Berühmter Namensträger: Pinkas Braun (schweizerischer Schauspieler).

Pinkus, Pinkas hebräisch. Bedeutung: Sprachrohr.

Pippin althochdeutsch. Bedeutung: der Pfeifer. Internationale Varianten: Pepino (spanisch).

Pirmin Herkunft und Bedeutung unklar. Berühmter Namensträger: Pirmin Zurbriggen (schweizerischer Skisportler).

Pius lateinisch. Bedeutung: der Fromme, Gottesfürchtige.
Papstname. Internationale Varianten: Pio (italienisch).

Placidus lateinisch. Bedeutung: der Sanfte, Ruhige. Internationale Varianten: Plácido (spanisch).

Poldi   Kurzform zu ➜ Leopold.

Prosper, Prosperus   lateinisch. Bedeutung: der Glückliche.
Berühmter Namensträger: Prosper Mérimée (französischer
Dichter).

Prudens   lateinisch. Bedeutung: der Kluge, Besonnene.

Pulcher   lateinisch. Bedeutung: der Schöne, Hübsche.

Q

Quirin, Quirinus   lateinisch. Bedeutung: der Kriegsmächtige,
Kriegerische.

R

Raban   deutsch. Bedeutung: von althochdeutsch *hraban* »Rabe«.

Rabanus   latinisierte Form von ➜ Raban. Berühmter
Namensträger: Rabanus Maurus (deutscher Kleriker).

Radlof   Nebenform von ➜ Radolf.

Radolf, Radulf, Radlof   deutsch. Bedeutung: von althochdeutsch *rat* »Ratgeber« und *wolf* »Wolf«. Internationale
Varianten: Ralf, Ralph (englische Kurzformen).

Radulf   Nebenform von ➜ Radolf.

Rafael, Raffael   Nebenformen von ➜ Raphael.

Raimar   Nebenform von ➜ Reimar.

Raimund, Reimund   deutsch. Bedeutung: von germanisch
ragina »Rat, Beschluss« und *munt* »Schutz der Unmün-

digen«. Internationale Varianten: Ramón (spanisch), Raymond (englisch, französisch), Ray (englische Kurzform), Reamonn (irisch).

Rainald   Nebenform von ➙ Reinold.

Rainar   Nebenform zu ➙ Rainer.

Rainer, Reiner, Rainar, Reinar   deutsch. Bedeutung: von germanisch *ragina* »Rat, Beschluss« und *heri* »Kriegsschar, Heer«. Internationale Varianten: Ragnar (nordisch), Rainier, Régnier (französisch). Berühmte Namensträger: Rainer Maria Rilke (österreichischer Dichter), Rainer Werner Fassbinder (deutscher Regisseur).

Rambald, Rambold, Rambo   deutsch. von althochdeutsch *hraban* »Rabe« und *bald* »kühn«.

Rambert   deutsch. von althochdeutsch *hraban* »Rabe« und *beraht* »glänzend«.

Rambo   Nebenform von ➙ Rambald.

Rambod   deutsch. von althochdeutsch *hraban* »Rabe« und altsächsisch *bodo* »Gebieter«.

Rambold   Nebenform von ➙ Rambald.

Rando   Kurzform zu Vornamen mit Rand-.

Randolf, Randulf   deutsch. Bedeutung: von althochdeutsch *rant* »Schild« und *wolf* »Wolf«. Internationale Varianten: Randolph (englisch), Raoul (französisch), Raúl (spanisch).

Randwig, Rantwig   deutsch. Bedeutung: von althochdeutsch *rant* »Schild« und *wig* »Kampf«.

Raphael, Rafael, Raffael   hebräisch. Bedeutung: Gott heilt. Internationale Varianten: Raffaele, Raffaelo (italienisch).

Rappert   Nebenform von ➙ Ratbert.

Rappo, Rappold, Rappolt   Nebenform von ➙ Ratbald.

Rasmus   Kurzform zu ➙ Erasmus.

Rasso Kurzform zu Vornamen mit Rat-.

Ratbald, Rappo, Rappold, Rappolt deutsch. Bedeutung: von althochdeutsch *rat* »Ratgeber« und *bald* »kühn«.

Ratbert, Rappert deutsch. Bedeutung: von althochdeutsch *rat* »Ratgeber« und *beraht* »glänzend«.

Ratfried deutsch. Bedeutung: von althochdeutsch *rat* »Ratgeber« und *fridu* »Friede«.

Rathard deutsch. Bedeutung: von althochdeutsch *rat* »Ratgeber« und *harti* »hart, stark«.

Rathold deutsch. Bedeutung: von althochdeutsch *rat* »Ratgeber« und *waltan* »walten, herrschen«.

Ratilo Kurzform zu Vornamen mit Rat-.

Ratmar deutsch. Bedeutung: von althochdeutsch *rat* »Ratgeber« und *mari* »berühmt«.

Rato Kurzform zu Vornamen mit Rat-.

Rätus lateinisch. Bedeutung: bezeichnet den Bewohner von Raetia, der Landschaft zwischen Donau, Rhein und Lech. Internationale Varianten: Räto, Reto (rätoromanisch).

Reemet, Reemt friesische Kurzformen zu ➤ Raimund.

Reginald ältere und englische Form von ➤ Reinold.

Regis Kurzform zu ➤ Remigius.

Reichard Nebenform von ➤ Richard.

Reimar, Raimar deutsch. Bedeutung: von germanisch *ragina* »Rat, Beschluss« und *mari* »berühmt«.

Reimbert, Reimbrecht, Rembert deutsch. Bedeutung: von germanisch *ragina* »Rat, Beschluss« und *beraht* »glänzend«.

Reimo Kurzform zu Vornamen mir Reim-.

Reimund Nebenform von ➤ Raimund.

Reimut deutsch. Bedeutung: von germanisch *ragina* »Rat, Beschluss« und *muot* »Mut, Eifer, Geist«.

Reinald   Nebenform von ➤ Reinold.

Reinar   Nebenform von ➤ Rainer.

Reinecke, Reineke   friesische Nebenformen zu Vornamen mit Rein-.

Reiner   Nebenform von ➤ Rainer.

Reinfried   deutsch. Bedeutung: von germanisch *ragina* »Rat, Beschluss« und *fridu* »Friede«.

Reinhard, Reinhart   deutsch. Bedeutung: von germanisch *ragina* »Rat, Beschluss« und *harti* »hart, stark«. Internationale Varianten: Renard (französisch). Berühmter Namensträger: Reinhard Mey (deutscher Liedermacher).

Reinhold   Nebenform von ➤ Reinold. Berühmter Namensträger: Reinhold Messner (italienischer Bergsteiger).

Reinke, Reinko   ostfriesische Kurzformen zu ➤ Reinhard.

Reinmar   deutsch. Bedeutung: von germanisch *ragina* »Rat, Beschluss« und *mari* »berühmt«.

Reinold, Reinald, Rainald, Reinhold, Reinwald   deutsch. Bedeutung: von germanisch *ragina* »Rat, Beschluss« und *waltan* »walten, herrschen«. Internationale Varianten: Reginald (englisch), Rinaldo (italienisch), Ronald (schottisch).

Reinulf   deutsch. Bedeutung: von germanisch *ragina* »Rat, Beschluss« und *wolf* »Wolf«.

Reinwald   Nebenform von ➤ Reinold.

Rembert   Nebenform von ➤ Reimbert.

Remigius   lateinisch. Bedeutung: Mann einer Rudermannschaft. Kurzform: Regis.

Remus   lateinisch. Bedeutung: geht auf die legendären Gründer Roms, die Zwillinge Romulus und Remus, zurück. Internationale Varianten: Remo (italienisch).

Renatus   lateinisch. Bedeutung: der Wiedergeborene. Internationale Varianten: Renato, Reno (italienisch), René (französisch). Berühmte Namensträger: René Magritte (belgischer Maler), René Kollo (deutscher Tenor).

Richard, Reichard   deutsch. Bedeutung: von althochdeutsch *rihhi* »reich, mächtig« und *harti* »hart, stark«. Internationale Varianten: Rick, Ricky (englische Kurzformen), Ricardo (spanisch), Riccardo (italienisch), Rico, Ricco (italienische und spanische Kurzform), Rickard (schwedisch), Ryszard (polnisch). Berühmte Namensträger: Richard Löwenherz (englischer König), Richard Wagner (deutscher Komponist), Richard von Weizsäcker (deutscher Politiker), Richard Chamberlain (amerikanischer Schauspieler).

Richbald   deutsch. Bedeutung: von althochdeutsch *rihhi* »reich, mächtig« und *bald* »kühn«.

Richbert, Rigobert   deutsch. Bedeutung: von althochdeutsch *rihhi* »reich, mächtig« und *beraht* »glänzend«.

Richmar, Rigomar   deutsch. Bedeutung: von althochdeutsch *rihhi* »reich, mächtig« und *mari* »berühmt«.

Richmut   deutsch. Bedeutung: von althochdeutsch *rihhi* »reich, mächtig« und *muot* »Mut, Eifer, Geist«.

Richwald   deutsch. Bedeutung: von althochdeutsch *rihhi* »reich, mächtig« und *waltan* »walten, herrschen«.

Rickert   niederdeutsche Form von → Richard.

Rieghard   friesische Form von → Richard.

Rigo   Kurzform zu Vornamen mit Rig-, Rigo-.

Rigobert   Nebenform von → Richbert.

Rigomar   Nebenform von → Richmar.

Rikkart   friesische Form von → Richard.

Ringolf   deutsch. Bedeutung: von germanisch *ragina* »Rat, Beschluss« und *wolf* »Wolf«. Kurzform: Ringo.

Robert   deutsch. Nebenform von ➞ Rupert. Bedeutung: abgeleitet von Hrodebert, von germanisch *hroth* »Ruhm« und althochdeutsch *beraht* »glänzend«. Internationale Varianten: Roberto (italienisch), Rob, Robbie, Robby, Robin (englische Kurzformen). Berühmte Namensträger: Robert Schumann (deutscher Komponist), Robert Musil (österreichischer Schriftsteller), Robert De Niro (amerikanischer Schauspieler), Robbie Williams (englischer Popsänger).

Rochus   latinisierte Form des althochdeutschen Namens *Roho*. Bedeutung: von althochdeutsch *rohon* »Kriegsruf«. Internationale Varianten: Rocco (italienisch), Roche, Roque (spanisch), Rock, Rocky (amerikanisch).

Rodebert, Rodebrecht   deutsch. Bedeutung: von germanisch *hroth* »Ruhm« und althochdeutsch *beraht* »glänzend«.

Roderich   deutsch. Bedeutung: von germanisch *hroth* »Ruhm« und althochdeutsch *rihhi* »reich, mächtig«. Internationale Varianten: Roderic (französisch), Roderick (englisch), Rod (englische Kurzform), Rodrigo (italienisch, spanisch, portugiesisch), Rodrigue (spanisch, portugiesisch), Rurik (russisch).

Rodewald   deutsch. Bedeutung: von germanisch *hroth* »Ruhm« und althochdeutsch *waltan* »walten, herrschen«. Internationale Varianten: Roald (nordisch). Berühmte Namensträger: Roald Amundsen (norwegischer Polarforscher), Roald Dahl (englischer Schriftsteller).

Roelef, Roelf, Roelof   friesische Formen von ➞ Rolf, ➞ Rudolf.

Roland   deutsch. Bedeutung: abgeleitet von Hrodland, deutsch. Bedeutung: von germanisch *hroth* »Ruhm« und althochdeutsch *lant* »Land«. Kurzform: Rolla. Internationale Varianten: Rolando, Orlando (italienisch), Rolland (französisch), Rowland (englisch). Berühmte Namensträger: Orlando Bloom (englischer Schauspieler).

Rolf   selbstständige Kurzform zu ➜ Rudolf. Berühmter Namensträger: Rolf Schneider (deutscher Schriftsteller).

Rollo   Kurzform zu ➜ Roland, ➜ Rudolf.

Roman   Nebenform von ➜ Romanus.

Romanus, Roman   lateinisch. Bedeutung: der Römer. Internationale Varianten: Romain (französisch), Romano (italienisch), Romek (polnisch). Berühmte Namensträger: Roman Polanski (polnisch-amerikanischer Regisseur), Roman Herzog (deutscher Politiker).

Romuald   Nebenform von ➜ Rumold.

Romulus   lateinisch. Bedeutung: geht auf die legendären Gründer Roms, die Zwillinge Romulus und Remus, zurück.

Roswin   deutsch. Bedeutung: von althochdeutsch *hros* »Pferd, Ross« und *wini* »Freund«.

Rothard   deutsch. Bedeutung: von althochdeutsch *hruom* »Ruhm, Ehre« und *harti* »hart, stark«.

Rother   deutsch. Bedeutung: von althochdeutsch *hruom* »Ruhm, Ehre« und *heri* »Kriegsschar, Heer«.

Rouven   Nebenform von ➜ Ruben.

Ruben, Ruven, Ruwen, Rouven   hebräisch. Bedeutung: Seht den Sohn!

Rüdeger   Nebenform von ➜ Rüdiger.

Rudgar, Rudgard, Rudger   Nebenformen von ➜ Rüdiger.

Rudibert   deutsch. Bedeutung: von althochdeutsch *hruom* »Ruhm, Ehre« und *beraht* »glänzend«.

Rüdiger, Rüdeger, Rudgar, Rudgard, Rudger, Rutger, Rütger, Rüttger   deutsch. Bedeutung: von althochdeutsch *hruom* »Ruhm, Ehre« und *ger* »Speer«. Internationale Varianten: Ruggero (italienisch). Berühmter Namensträger: Rüdiger Hoffmann (deutscher Kabarettist).

Rudmar   deutsch. Bedeutung: von althochdeutsch *hruom* »Ruhm, Ehre« und *mari* »berühmt«.

Rudolf   deutsch. Bedeutung: von althochdeutsch *hruom* »Ruhm, Ehre« und *wolf* »Wolf«. Kurzform: Rudi, Rudo, Rollo. Internationale Varianten: Rodolfo (italienisch), Rodolphe (französisch), Ruud (niederländische Kurzform). Berühmte Namensträger: Rudolf Diesel (deutscher Ingenieur), Rudolf Steiner (österreichischer Anthroposoph), Rudolf Nurejew (russischer Tänzer), Rudi Völler (deutscher Fußballer), Rudi Dutschke (deutscher Studentenführer).

Rufin, Rufinus   erweiterte Formen von ➙ Rufus.

Rufus   lateinisch. Bedeutung: der Rote, Rothaarige. Berühmter Namensträger: Rufus Beck (deutscher Schauspieler).

Rumold, Rumolt, Romuald   deutsch. Bedeutung: von althochdeutsch *hruom* »Ruhm, Ehre« und *waltan* »walten, herrschen«.

Runfried   deutsch. Bedeutung: von althochdeutsch *runa* »Geheimnis« und *fridu* »Friede«.

Rupert, Ruppert, Rupertus   deutsch. Bedeutung: von althochdeutsch *hruom* »Ruhm, Ehre« und *beraht* »glänzend«. Berühmter Namensträger: Rupert Everett (englischer Schauspieler).

Ruppert Nebenform von → Rupert.

Rupprecht, Ruprecht Nebenformen von → Rupert. Berühmter Namensträger: Ruprecht Eser (deutscher TV-Journalist).

Rutger, Rütger, Rüttger Nebenformen von → Rüdiger.

Ruthard deutsch. Bedeutung: von althochdeutsch *hruom* »Ruhm, Ehre« und *harti* »hart, stark«.

Ruven, Ruwen Nebenformen von → Ruben.

S

Sabin, Sabinus lateinisch. Bedeutung: ursprünglich römischer Beiname für das Volk der Sabiner.

Sachso deutsch. Bedeutung: der Sachse.

Salomo, Salomon hebräisch. Bedeutung: Glück, Wohlergehen, Friede.

Salvator lateinisch. Bedeutung: Retter, Erlöser. Internationale Varianten: Salvador (spanisch), Salvatore (italienisch). Berühmter Namensträger: Salvador Dalí (spanischer Maler).

Samuel hebräisch. Bedeutung: Ich bin erhört von Gott. Kurzformen: Sam, Sammy (englisch). Berühmte Namensträger: Samuel Hahnemann (Begründer der Homöopathie), Samuel Beckett (irischer Schriftsteller).

Sander Kurzform zu → Alexander.

Sebald, Sebaldus Nebenformen von → Siegbald.

Sebastian griechisch. Bedeutung: der Verehrungswürdige, Erhabene. Kurzformen: Bastian, Wastl (bairisch). Internationale Varianten: Bastien (französische Kurzform), Sébastien (französisch). Berühmte Namensträger: Johann Sebastian Bach (deutscher Komponist), Sebastian Kneipp (deutscher »Wasserdoktor«).

Sebe, Sebo, Sebold   Kurzformen zu ➤ Siegbald.

Segimer   Nebenform von ➤ Siegmar.

Segimund   Nebenform von ➤ Siegmund.

Seibold, Seibolt   Nebenformen von ➤ Siegbald.

Selman   deutsch. Bedeutung: von altsächsisch *seli* »Saalhaus« und althochdeutsch *man* »Mann«.

Selmar   deutsch. Bedeutung: von altsächsisch *seli* »Saalhaus« und althochdeutsch *mari* »berühmt«.

Seraph, Seraphin   hebräisch. Bedeutung: der Brennende, Leuchtende.

Serenus   lateinisch. Bedeutung: der Heitere, Glückliche.

Sergius   lateinisch. Bedeutung: geht auf den altrömischen Geschlechternamen der Sergier zurück. Internationale Varianten: Serge (englisch, französisch), Sergej (russisch), Sergio (italienisch). Berühmte Namensträger: Serge Gainsbourg (französischer Schauspieler und Sänger), Sergej Eisenstein (sowjetischer Regisseur und Schriftsteller), Sergio Leone (italienischer Regisseur).

Servas   Kurzform zu ➤ Servatius.

Servatius   lateinisch. Bedeutung: der Gerettete. Kurzform: Servaz.

Severin, Severinus, Severus   lateinisch. Bedeutung: der Strenge, Ernsthafte. Internationale Varianten: Sören (dänisch, niederländisch). Berühmter Namensträger: Sören Kierkegaard (dänischer Philosoph).

Sibe, Sibo   friesische Kurzformen zu ➤ Siegbert, ➤ Siegbold.

Siebald, Siebold   Nebenformen von → Siegbald.

Siegbald, Siegbold, Siebald, Siebold, Sebald, Sebaldus, Seibold, Seibolt   deutsch. Bedeutung: von althochdeutsch *sigu* »Sieg« und *bald* »kühn«. Kurzformen: Sebe, Sebo, Sebold.

Siegbert, Sigbert, Sigisbert   deutsch. Bedeutung: von althochdeutsch *sigu* »Sieg« und *beraht* »glänzend«.

Siegbold   Nebenform von → Siegbald.

Siegbod, Siegbot   deutsch. Bedeutung: von althochdeutsch *sigu* »Sieg« und *bodo* »Gebieter«.

Siegfried, Sigfried   deutsch. Bedeutung: von althochdeutsch *sigu* »Sieg« und *fridu* »Friede«. Kurzformen: Sigge, Siggi, Sigi. Berühmte Namensträger: Siegfried Lenz (deutscher Schriftsteller), Siegfried Lowitz (deutscher Schauspieler).

Sieghard, Sieghart, Sighart   deutsch. Bedeutung: von althochdeutsch *sigu* »Sieg« und *harti* »hart, stark«.

Siegmar, Sigmar, Segimer   deutsch. Bedeutung: von althochdeutsch *sigu* »Sieg« und *mari* »berühmt«.

Siegmund, Sigmund, Sigismund, Segimund   deutsch. Bedeutung: von althochdeutsch *sigu* »Sieg« und *munt* »Schutz der Unmündigen«. Berühmter Namensträger: Sigmund Freud (österreichischer Psychoanalytiker).

Siegolf, Siegulf   deutsch. Bedeutung: von althochdeutsch *sigu* »Sieg« und *wolf* »Wolf«.

Siegrad, Sigrat   deutsch. Bedeutung: von althochdeutsch *sigu* »Sieg« und *rat* »Ratgeber«.

Siegulf   Nebenform von → Siegolf.

Siegwald   deutsch. Bedeutung: von althochdeutsch *sigu* »Sieg« und *waltan* »walten, herrschen«.

Siegward, Siegwart   deutsch. Bedeutung: von althochdeutsch *sigu* »Sieg« und *wart* »Hüter«.

Sierk   friesische Kurzform zu Vornamen mit Sieg-.

Sievert, Siewert   niederdeutsche Formen von ➡ Siegward.

Sigbert   Nebenform von ➡ Siegbert.

Sigfried   Nebenform von ➡ Siegfried.

Siggo   friesische Kurzform zu Vornamen mit Sieg-.

Sighart   Nebenform von ➡ Sieghard.

Sigi   Kurzform zu Vornamen mit Sig-. Nur in Verbindung mit einem eindeutig männlichen Zweitnamen zulässig.

Sigisbert   Nebenform von ➡ Siegbert.

Sigismund   Nebenform von ➡ Siegmund.

Sigmar   Nebenform von ➡ Siegmar.

Sigmund   Nebenform von ➡ Siegmund.

Sigrat   Nebenform von ➡ Siegrad.

Silvan   Nebenform von ➡ Silvanus.

Silvanus, Silvan   lateinisch. Bedeutung: Name des altrömischen Waldgottes Silvanus. Internationale Varianten: Silvain, Sylvain (französisch), Silvano (italienisch).

Silvest, Silvester, Sylvester   lateinisch. Bedeutung: der zum Wald Gehörende. Papstname. Berühmter Namensträger: Sylvester Stallone (amerikanischer Schauspieler).

Silvius   lateinisch. Bedeutung: von lateinisch *silva* »Wald«. Internationale Varianten: Silvio (italienisch).

Simeon   hebräisch. Bedeutung: Gott hat gehört.

Simon   hebräisch. Bedeutung: erhört, Erhörung. Internationale Varianten: Semjon (russisch), Simone (italienisch, als männlicher Vorname nur in der Schweiz zugelassen). Berühmte Namensträger: Simon Dach (deutscher Schriftsteller), Simón Bolivar (südamerikanischer Staatsmann).

Sinbald, Sintbald   deutsch. Bedeutung: von althochdeutsch *sind* »Weg, Reise« und *bald* »kühn«.

Sinbert, Sintbert   deutsch. Bedeutung: von althochdeutsch *sind* »Weg, Reise« und *beraht* »glänzend«.

Sindram, Sintram   deutsch. Bedeutung: von althochdeutsch *sind* »Weg, Reise« und *hraban* »Rabe«.

Sintbald   Nebenform von ➙ Sinbald.

Sintbert   Nebenform von ➙ Sinbert.

Sintram   Nebenform von ➙ Sindram.

Sirk   friesisch. Bedeutung: von altsächsisch *sigi* »Sieg« und *riki* »reich«.

Sixtus, Sixt   lateinisch. Bedeutung: Umbildung des griechischen Beinamens *xystós* »der Feine, Glatte«. Papstname. Internationale Varianten: Sisto (italienisch).

Söncke, Sönke, Sönnich   niederdeutsch-friesisch. Bedeutung: Söhnchen. Berühmter Namensträger: Sönke Wortmann (deutscher Regisseur).

Stefan   Nebenform von ➙ Stephan.

Steffen   niederdeutsche Form von ➙ Stephan.

Stephan, Stefan   griechisch. Bedeutung: Kranz, Krone. Internationale Varianten: Esteban (spanisch), Étienne, Stéphane (französisch), István (ungarisch), Stefano (italienisch), Stepan (slawisch), Stephen, Steven, Steve (englisch). Berühmte Namensträger: Stefan George (deutscher Dichter). Stefan Zweig (österreichischer Schriftsteller), Stefan Raab (deutscher TV-Moderator und Comedian), Stéphane Mallarmé (französischer Dichter), Steven Spielberg (amerikanischer Regisseur), Steve McQueen (amerikanischer Schauspieler).

Stoffel, Stoffer   Kurzformen zu ➙ Christoph.

Swindbert   deutsch. Bedeutung: von althochdeutsch *swinde* »stark, geschwind« und *beraht* »glänzend«.

Swindger   deutsch. Bedeutung: von althochdeutsch *swinde* »stark, geschwind« und *ger* »Speer«.

Sylvester   Nebenform von ➙ Silvest.

T

Tade   friesische Kurzform zu Vornamen mit Diet-.

Taelke, Taetse   friesische Kurzformen zu Vornamen mit Diet-.

Take   friesische Kurzform zu Vornamen mit Diet-.

Tamme, Tammo   niederdeutsch-friesische Kurzformen zu ➙ Thomas.

Tankred   normannische Form von Dankrad. Bedeutung: von althochdeutsch *dank* »Gedanke« und *rat* »Ratgeber«. Berühmter Namensträger: Tankred Dorst (deutscher Schriftsteller).

Tassilo, Thassilo   Koseformen zu ➙ Tasso.

Tasso   italienisch. Bedeutung: Eibe.

Teetje   friesische Kurzform zu Vornamen mit Diet-.

Temme, Temmo   friesische Kurzformen zu ➙ Dietmar.

Tetje   friesische Kurzform zu Vornamen mit Diet-.

Thaddäus   Herkunft und Bedeutung unklar. Internationale Varianten: Taddeo (italienisch), Tadeusz (polnisch). Berühmter Namensträger: Thaddäus Troll (deutscher Schriftsteller).

Thassilo   Nebenform von ➙ Tasso.

Theobald   latinisierte Form von ➙ Dietbald. Internationale Varianten: Thibaud (französisch).

Theodor   griechisch. Bedeutung: Gottesgeschenk. Kurzformen: Teo, Theo. Internationale Varianten: Fjodor
(russisch), Ted, Teddy (englische Kurzformen), Theodore
(englisch, auch weiblicher Vorname). Berühmte Namensträger: Theodor Fontane (deutscher Schriftsteller),
Theodor Heuss (deutscher Politiker), Theodor W. Adorno
(deutscher Philosoph und Soziologe).

Theodosius   griechisch. Bedeutung: Gottesgeschenk.

Theophil   griechisch. Bedeutung: Gottesfreund.

Thetje   friesische Kurzform zu Vornamen mit Diet-.

Thiedemann, Thielemann   Nebenformen zu Vornamen mit Diet-.

Thiemo   Kurzform zu → Thietmar, → Dietmar.

Thietmar   Nebenform von → Dietmar.

Thilo, Tilo   Kurzformen zu Vornamen mit Diet-.

Thimo   Kurzform zu → Thietmar, → Dietmar.

Thomas   aramäisch. Bedeutung: Zwilling. Kurzformen:
Tom, Tommy. Internationale Varianten: Tamás (ungarisch),
Tomas (schwedisch, spanisch), Tomaso (italienisch).
Berühmte Namensträger: Thomas Mann (deutscher
Schriftsteller), Thomas Gottschalk (deutscher Show-
master), Thomas Jefferson (amerikanischer Politiker),
Tom Cruise (amerikanischer Schauspieler).

Thyl   niederdeutsch-friesische Kurzform zu Vornamen mit
Diet-.

Tiard   friesische Kurzform zu → Diethard.

Tiark   friesische Kurzform zu → Dietrich.

Tiemo   Kurzform zu → Thietmar, → Dietmar.

Til, Tile, Till   niederdeutsch-friesische Kurzformen zu
Vornamen mit Diet-. Berühmter Namensträger:
Til Schweiger (deutscher Schauspieler).

Tillman, Tilman, Tilmann, Tillo alte friesische Formen von
→ Dietrich. Berühmter Namensträger: Tilman Riemen-
schneider (deutscher Bildhauer).

Tilo Kurzform zu Vornamen mit Diet-.

Timo, Timmo niederdeutsch-friesische Kurzformen zu
→ Thiemo.

Timon griechisch. Bedeutung: Ehre, Ansehen.

Timotheus griechisch. Bedeutung: Ehre Gott! Kurzformen:
Tim, Timm. Internationale Varianten: Timothy (englisch).

Titus lateinisch. Bedeutung unklar. Internationale
Varianten: Tito (italienisch).

Tizian erweiterte Form von → Titus. Internationale
Varianten: Tiziano (italienisch).

Tjard friesische Kurzform zu → Diethard.

Tjark friesische Kurzform zu → Dietrich.

Tobias hebräisch. Bedeutung: Gott ist gnädig. Kurzformen:
Toby, Tobey (englisch). Berühmter Namensträger: Tobias
Moretti (österreichischer Schauspieler).

Toni, Tony Kurzformen zu → Anton.

Traugott pietistische Neuprägung aus dem 18. Jahrhundert.
Bedeutung: Vertraue Gott! Berühmter Namensträger:
Traugott Buhre (deutscher Schauspieler).

Trauthelm deutsch. Bedeutung: von althochdeutsch *trud*
»Kraft, Stärke« und *helm* »Helm«.

Trauthold deutsch. Bedeutung: von althochdeutsch *trud*
»Kraft, Stärke« und *waltan* »walten, herrschen«.

Trautmann deutsch. Bedeutung: von althochdeutsch *trud*
»Kraft, Stärke« und *man* »Mann«.

Trautmar deutsch. Bedeutung: von althochdeutsch *trud*
»Kraft, Stärke« und *mari* »berühmt«.

Trautmund   deutsch. Bedeutung: von althochdeutsch *trud* »Kraft, Stärke« und *munt* »Schutz der Unmündigen«.

Trautwein   deutsch. Bedeutung: von althochdeutsch *trud* »Kraft, Stärke« und *wini* »Freund«.

Tristan, Tristram   keltisch. Bedeutung: Waffenlärm.

Trudbert   deutsch. Bedeutung: von althochdeutsch *trud* »Kraft, Stärke« und *beraht* »glänzend«.

Trudo   Kurzform zu → Trudbert.

Tycho   griechisch. Bedeutung: Schicksal, Glück.

Tyl   niederdeutsch-friesische Kurzform zu Vornamen mit Diet-.

U

Ubald   deutsch. Bedeutung: von althochdeutsch *hugu* »Sinn, Geist, Verstand« und *bald* »kühn«.

Ubbo   friesische Kurzform zu → Ubald.

Udelar   Nebenform von → Adelar.

Udo, Uto   Kurzformen zu → Otto und → Ulrich. Berühmte Namensträger: Udo Jürgens (österreichischer Schlagersänger), Udo Lindenberg (deutscher Rocksänger).

Ueli   schweizerische Kurzform zu → Ulrich.

Ufe, Uffe, Uffert   ostfriesische Kurzformen zu → Wolfbert.

Uhl   Kurzform zu → Ulrich.

Uhland, Uland   deutsch. Bedeutung: von althochdeutsch *uodal* »Erbgut, Heimat« und *lant* »Land«.

Ulbert   deutsch. Bedeutung: von althochdeutsch *uodal* »Erbgut, Heimat« und *beraht* »glänzend«.

Ulf Kurzform zu Vornamen mit -ulf oder Ulf-. Internationale Varianten: Ulv (schwedisch). Berühmter Namensträger: Ulf Merbold (deutscher Astronaut).

Ulfart, Ulferd, Ulfert friesische Formen von ➜ Wolfhard.

Ulfilas gräzisierte Form von gotisch *Wulfila*. Bedeutung: Wölfchen.

Ulfo Kurzform zu Vornamen mit -ulf oder Ulf-.

Ulfried, Ulfrid deutsch. Bedeutung: von althochdeutsch *uodal* »Erbgut, Heimat« und *fridu* »Friede«.

Uli, Ulli Kurzformen zu ➜ Ulrich.

Ullmann, Ulmann deutsch. Bedeutung: von althochdeutsch *uodal* »Erbgut, Heimat« und *man* »Mann«.

Ulrich deutsch. Bedeutung: von althochdeutsch *uodal* »Erbgut, Heimat« und *rihhi* »reich, mächtig«. Kurzformen: Uli, Ulli, Udo, Uto, Uhl. Berühmte Namensträger: Ulrich Zwingli (schweizerischer Reformator), Ulrich Wickert (deutscher TV-Journalist), Ulrich Mühe (deutscher Schauspieler).

Ulrik niederdeutsche Form von ➜ Ulrich.

Ultimus lateinisch. Bedeutung: der Letzte.

Umme, Ummo ostfriesische Kurzformen zu Vornamen mit Od-, Ot-.

Urban, Urbanus lateinisch. Bedeutung: der Stadtbewohner. Papstname.

Uri Kurzform zu ➜ Uriel.

Urias hebräisch. Bedeutung: Licht ist der Herr.

Uriel hebräisch. Bedeutung: Gott ist mein Licht. Kurzform: Uri.

Urs in der Schweiz sehr verbreitete Kurzform zu ➜ Ursus. Berühmte Namensträger: Urs Graf (schweizerischer Maler und Holzschnitzer), Urs Widmer (schweizerischer Schriftsteller).

Ursinus   erweiterte Form von ➤ Ursus.

Ursus   lateinisch. Bedeutung: der Bär. Internationale Varianten: Ursin (französisch), Ursio (italienisch).

Usmar   Nebenform von ➤ Osmar.

Uto   Nebenform von ➤ Udo.

Utz   oberdeutsche Kurzform zu ➤ Ulrich.

Uve, Uvo   Nebenformen von ➤ Uwe.

Uwe   friesische Kurzform zu Vornamen mit Ot-, Od-. Berühmte Namensträger: Uwe Seeler (deutscher Fußballer), Uwe Ochsenknecht (deutscher Schauspieler).

Uz   oberdeutsche Kurzform zu ➤ Ulrich.

V

Valentin, Valentinus   lateinisch. Bedeutung: der Gesunde, Starke. Internationale Varianten: Valentino (italienisch). Berühmter Namensträger: Valentin Fey, genannt Karl Valentin (bayerischer Komiker).

Valer, Valerian   Nebenformen von ➤ Valerius.

Valerius, Valer, Valerian   lateinisch. Bedeutung: geht auf den altrömischen Geschlechternamen der Valerier zurück. Internationale Varianten: Valerio (italienisch).

Varus   lateinisch. Bedeutung unklar. Besonders in der Schweiz verbreitet.

Veit   1. Nebenform von ➤ Vitus. Bedeutung: von lateinisch *vita* »Leben«. 2. deutsch. Bedeutung: von althochdeutsch *witu* »Holz, Wald«. Berühmter Namensträger: Veit Stoß (deutscher Holzschnitzer und Bildhauer).

Viktor   lateinisch. Bedeutung: Sieger. Internationale Varianten: Vittorio (italienisch), Vico, Vicco, Viggo (italienische Kurzformen), Victor (englisch, französisch), Vitulja (russisch). Berühmte Namensträger: Viktor von Scheffel (deutscher Schriftsteller), Viktor Freiherr von Weizsäcker (deutscher Internist), Vicco von Bülow (Loriot, deutscher Satiriker), Victor Hugo (französischer Schriftsteller).

Vilmar   deutsch. Bedeutung: von althochdeutsch *filu* »viel« und *mari* »berühmt«.

Vinzenz, Vinzent, Vinzentius   lateinisch. Bedeutung: Weiterbildung von *vincere* »siegen«. Internationale Varianten: Vicente, Vincenzo (italienisch), Vincent (englisch, französisch, niederländisch). Berühmte Namensträger: Vincent van Gogh (niederländischer Maler).

Virgil, Virgilius   lateinisch. Bedeutung: geht auf einen altrömischen Familiennamen zurück.

Vital, Vitalis   lateinisch. Bedeutung: der lange Lebende, Kräftige.

Vitus, Veit   1. lateinisch. Bedeutung: von lateinisch *vita* »Leben«. 2. deutsch. Bedeutung: von althochdeutsch *witu* »Holz, Wald«. Internationale Varianten: Vito (italienisch).

Volbert, Volbrecht   Nebenformen von → Volkbert.

Volkbert, Volkbrecht, Volbert, Volbrecht   deutsch. Bedeutung: von althochdeutsch *folc* »Kriegsschar, Volk« und *beraht* »glänzend«.

Volker, Folker, Folkher   deutsch. Bedeutung: von althochdeutsch *folc* »Kriegsschar, Volk« und *heri* »Kriegsschar, Heer«. Berühmte Namensträger: Volker Schlöndorff (deutscher Regisseur), Volker Lechtenbrink (deutscher Sänger und Schauspieler).

Volkert Nebenform von ➡ Volkhard.

Volkhard, Volkhart, Volkert deutsch. Bedeutung: von althochdeutsch *folc* »Kriegsschar, Volk« und *harti* »hart, stark«.

Volkmann deutsch. Bedeutung: von althochdeutsch *folc* »Kriegsschar, Volk« und *man* »Mann«.

Volkmar, Volmar deutsch. Bedeutung: von althochdeutsch *folc* »Kriegsschar, Volk« und *mari* »berühmt«.

Volko Kurzform zu Vornamen mit Volk-.

Volkrad deutsch. Bedeutung: von althochdeutsch *folc* »Kriegsschar, Volk« und *rat* »Ratgeber«.

Volkram deutsch. Bedeutung: von althochdeutsch *folc* »Kriegsschar, Volk« und *hraban* »Rabe«.

Volkwald deutsch. Bedeutung: von althochdeutsch *folc* »Kriegsschar, Volk« und *waltan* »walten, herrschen«.

Volkward deutsch. Bedeutung: von althochdeutsch *folc* »Kriegsschar, Volk« und *wart* »Hüter«.

Volkwin deutsch. Bedeutung: von althochdeutsch *folc* »Kriegsschar, Volk« und *wini* »Freund«.

Volmar Nebenform von ➡ Volkmar.

W

Wachsmut Nebenform von ➡ Wasmut.

Waldebert deutsch. Bedeutung: von althochdeutsch *waltan* »walten, herrschen« und *beraht* »glänzend«.

Waldemar   deutsch. Bedeutung: von althochdeutsch *waltan* »walten, herrschen« und *mari* »berühmt«. Kurzform: Waldo. Berühmter Namensträger: Waldemar Bonsels (deutscher Schriftsteller).

Waldfried, Walfried   deutsch. Bedeutung: von althochdeutsch *waltan* »walten, herrschen« und *fridu* »Friede«.

Waldmann   deutsch. Bedeutung: von althochdeutsch *waltan* »walten, herrschen« und *man* »Mann«.

Waldo   Kurzform zu ➙ Waldemar und ➙ Walter.

Walfried   Nebenform von ➙ Waldfried.

Walraf, Walram   Nebenformen von ➙ Waltram.

Walter, Walther   deutsch. Bedeutung: von althochdeutsch *waltan* »walten, herrschen« und *heri* »Kriegsschar, Heer«. Kurzform: Waldo. Berühmte Namensträger: Walter Gropius (deutscher Architekt), Walter Plathe (deutscher Schauspieler), Walther von der Vogelweide (deutscher Minnesänger), Walther Rathenau (deutscher Politiker).

Walthard   deutsch. Bedeutung: von althochdeutsch *waltan* »walten, herrschen« und *harti* »hart, stark«.

Waltram, Walraf, Walram   deutsch. Bedeutung: von althochdeutsch *waltan* »walten, herrschen« und *hraban* »Rabe«.

Warmund   deutsch. Bedeutung: von althochdeutsch *warjan, werjan* »sich wehren« und *munt* »Schutz der Unmündigen«.

Warner   niederdeutsch-friesische Form von ➙ Werner.

Warnfried   niederdeutsch-friesische Form von ➙ Wernfried.

Wasmod, Wasmot   Nebenformen von ➙ Wasmut.

Wasmut, Wachsmut, Wasmod, Wasmot   deutsch. Bedeutung: von althochdeutsch *wahsan* »wachsam« und *muot* »Mut, Eifer, Geist«.

Wedekind Nebenform von ➜ Widukind.

Weigand Nebenform von ➜ Wiegand.

Weigel Kurzform zu ➜ Wigand.

Weike Kurzform zu ➜ Wighart, ➜ Weikhart. Nur in
Verbindung mit einem eindeutig männlichen Zweitnamen
zulässig.

Weikhard, Weikhart Nebenformen von ➜ Wighart.

Welf deutsch. Bedeutung: geht auf das Fürstengeschlecht
der Welfen zurück, auch althochdeutsch *welf* »Tierjunges,
Welpe«.

Welmer Nebenform von ➜ Willimar.

Welmot, Welmuth friesische Formen von ➜ Wilmut.

Wendel Kurzform zu Vornamen mit Wendel-.

Wendelbert deutsch. Bedeutung: vom Stammesnamen der
Wandalen und althochdeutsch *beraht* »glänzend«.

Wendelin, Wendelinus Kurzformen zu Vornamen mit
Wendel-.

Wendelmar deutsch. Bedeutung: vom Stammesnamen der
Wandalen und althochdeutsch *mari* »berühmt«.

Wenzel Kurzform zu ➜ Wenzeslaus.

Wenzeslaus latinisierte Form eines slawischen Namens.
Bedeutung: Mehrer des Ruhmes. Kurzform: Wenzel.

Werner, Wernher deutsch. Bedeutung: von althochdeutsch
warjan, werjan »sich wehren« und *heri* »Kriegsschar,
Heer«. Internationale Varianten: Verner (dänisch, schwedisch). Berühmte Namensträger: Werner von Siemens
(deutscher Industrieller), Werner Herzog (deutscher
Regisseur), Werner Heisenberg (deutscher Physiker).

Wernfried deutsch. Bedeutung: von althochdeutsch *warjan,
werjan* »sich wehren« und *fridu* »Friede«.

Wernhard, Wernhart   deutsch. Bedeutung: von althochdeutsch *warjan, werjan* »sich wehren« und *harti* »hart, stark«,

Wernher   Nebenform von ➙ Werner.

Werno   Kurzform zu Vornamen mit Wern-.

Wibald   Nebenform von ➙ Wigbald.

Wibert   Nebenform von ➙ Wigbert.

Wido   Kurzform zu Vornamen mit Wid-, Wit-.

Widukind, Wittekind, Wedekind   deutsch. Bedeutung: von althochdeutsch *witu* »Holz, Wald« und *kind* »Kind, Sohn«.

Wiegand   Nebenform von ➙ Wigand.

Wieland   deutsch. Bedeutung: von althochdeutsch *wela* »Kampf« und *nand* »wagemutig, kühn«.

Wigald   Nebenform von ➙ Wigbald. Berühmter Namensträger: Wigald Boning (deutscher TV-Komiker).

Wigand, Wiegand, Weigand   deutsch. Bedeutung: von althochdeutsch *wigan* »kämpfen«. Kurzform: Weigel.

Wigbald, Wigbold, Wibald, Wigald   deutsch. Bedeutung: von althochdeutsch *wig* »Kampf« und *bald* »kühn«.

Wigbert, Wigbrecht, Wibert, Wipert, Wiprecht   deutsch. Bedeutung: von althochdeutsch *wig* »Kampf« und *beraht* »glänzend«.

Wigbrand   deutsch. Bedeutung: von althochdeutsch *wig* »Kampf« und *brand* »Brand«.

Wigbold   Nebenform von ➙ Wigbald.

Wigbrecht   Nebenform von ➙ Wigbert.

Wigge, Wiggo   friesische Kurzformen zu Vornamen mit Wig-.

Wighard, Wighart, Weikhard, Weikhart deutsch. Bedeutung: von althochdeutsch *wig* »Kampf« und *harti* »hart, stark«.

Wiglaf deutsch. Bedeutung: von althochdeutsch *wig* »Kampf« und altsächsisch *leva* »Erbe«. Berühmter Namensträger: Wiglaf Droste (deutscher Schriftsteller).

Wigmar deutsch. Bedeutung: von althochdeutsch *wig* »Kampf« und *mari* »berühmt«.

Wigmund deutsch. Bedeutung: von althochdeutsch *wig* »Kampf« und *munt* »Schutz der Unmündigen«.

Wilbert, Willibert, Willbrecht deutsch. Bedeutung: von althochdeutsch *willo* »Wille« und *beraht* »glänzend«.

Wilbrand deutsch. Bedeutung: von althochdeutsch *willo* »Wille« und *brand* »Brand«.

Wildfried Nebenform von ➞ Wilfried.

Wilfred Nebenform von ➞ Wilfried.

Wilfrid Nebenform von ➞ Wilfried.

Wilfried, Wilfrid, Wildfried, Wilfred deutsch. Bedeutung: von althochdeutsch *willo* »Wille« und *fridu* »Friede«.

Wilhard deutsch. Bedeutung: von althochdeutsch *willo* »Wille« und *harti* »hart, stark«.

Wilhelm deutsch. Bedeutung: von althochdeutsch *willo* »Wille« und *helm* »Helm«. Kurzformen: Will, Willi, Willy, Wim. Internationale Varianten: Guglielmo (italienisch), Guillermo (spanisch), Guillaume (französisch), Vilmos (ungarisch), Willem (niederländisch), William (englisch). Berühmte Namensträger: Wilhelm von Humboldt (deutscher Gelehrter), Wilhelm Busch (deutscher Dichter und Maler), Wilhelm Conrad Röntgen (deutscher Physiker), Wilhelm Furtwängler (deutscher Dirigent), Will Quadflieg (deutscher Schauspieler), Willy

Brandt (deutscher Politiker), Wim Wenders (deutscher Regisseur), William Shakespeare (englischer Dichter).

Wilke, Wilken, Wilko   friesische Kurzformen zu Vornamen mit Wil-.

Will   Kurzform zu ➙ Wilhelm.

Willbrecht   Nebenform von ➙ Wilbert.

Willi   Kurzform zu ➙ Wilhelm.

Willibald   deutsch. Bedeutung: von althochdeutsch *willo* »Wille« und *bald* »kühn«. Berühmter Namensträger: Willibald Pirckheimer (deutscher Humanist).

Willibert   Nebenform von ➙ Wilbert.

Willibrord   deutsch. Bedeutung: von althochdeutsch *willo* »Wille« und *brord* »Spitze, Speer«.

Willimar, Wilmar, Welmer   deutsch. Bedeutung: von althochdeutsch *willo* »Wille« und *mari* »berühmt«.

Williram   deutsch. Bedeutung: von althochdeutsch *willo* »Wille« und *hraban* »Rabe«.

Willo   ostfriesische Kurzform zu Vornamen mit Wil(l)-.

Willy   Kurzform zu ➙ Wilhelm.

Wilmar   Nebenform von ➙ Willimar.

Wilmont   deutsch. Bedeutung: von althochdeutsch *willo* »Wille« und *munt* »Schutz der Unmündigen«.

Wilmut   deutsch. Bedeutung: von althochdeutsch *willo* »Wille« und *muot* »Mut, Eifer, Geist«.

Wim   Kurzform zu ➙ Wilhelm.

Winald   deutsch. Bedeutung: von althochdeutsch *wini* »Freund« und *waltan* »walten, herrschen«.

Winemar, Winmar, Winimar   deutsch. Bedeutung: von althochdeutsch *wini* »Freund« und *mari* »berühmt«.

Winfried   deutsch. Bedeutung: von althochdeutsch *wini* »Freund« und *fridu* »Friede«.

Winibald   deutsch. Bedeutung: von althochdeutsch *wini* »Freund« und *bald* »kühn«.

Winibert   deutsch. Bedeutung: von althochdeutsch *wini* »Freund« und *beraht* »glänzend«.

Winimar   Nebenform von ➞ Winemar.

Winmar   Nebenform von ➞ Winemar.

Winrich   deutsch. Bedeutung: von althochdeutsch *wini* »Freund« und *rihhi* »reich, mächtig«.

Wipert, Wiprecht   Nebenformen von ➞ Wigbert, ➞ Wigbrecht.

Withold   Nebenform von ➞ Witold.

Witigo, Witiko, Wittiko   Kurzformen zu Vornamen mit Wid-, Wit-.

Wito   Kurzform zu Vornamen mit Wid-, Wit-.

Witold, Withold   deutsch. Bedeutung: von althochdeutsch *witu* »Wald, Holz« und *waltan* »walten, herrschen«.

Wittekind   Nebenform von ➞ Widukind.

Wittiko   Kurzform zu ➞ Witigo.

Woldemar   niederdeutsche Form von ➞ Waldemar.

Wolf, Wulf   selbstständige Kurzformen zu Vornamen mit Wolf-. Berühmter Namensträger: Wolf Biermann (deutscher Schriftsteller und Liedermacher).

Wolfbert   Neubildung aus Vornamen mit Wolf- und Vornamen, die auf -bert enden.

Wolfdieter   Zusammensetzung aus ➞ Wolf und ➞ Dieter.

Wolfdietrich   Zusammensetzung aus ➞ Wolf und ➞ Dietrich. Berühmter Namensträger: Wolfdietrich Schnurre (deutscher Schriftsteller).

Wolfgang   deutsch. Bedeutung: von althochdeutsch *wolf* »Wolf« und *ganc* »(Waffen-)Gang, Streit«. Berühmte Namensträger: Wolfgang Amadeus Mozart (österreichischer Komponist), Johann Wolfgang von Goethe (deutscher Dichter), Wolfgang Joop (deutscher Modeschöpfer), Wolfgang Niedecken (deutscher Rockmusiker).

Wolfger   deutsch. Bedeutung: von althochdeutsch *wolf* »Wolf« und *ger* »Speer«.

Wolfhard, Wolfhart   deutsch. Bedeutung: von althochdeutsch *wolf* »Wolf« und *harti* »hart, stark«.

Wolfhelm   deutsch. Bedeutung: von althochdeutsch *wolf* »Wolf« und *helm* »Helm«.

Wolfrad   deutsch. Bedeutung: von althochdeutsch *wolf* »Wolf« und *rat* »Ratgeber«.

Wolfram   deutsch. Bedeutung: von althochdeutsch *wolf* »Wolf« und *hraban* »Rabe«. Berühmter Namensträger: Wolfram von Eschenbach (deutscher Dichter).

Wolfrid   Nebenform von ➙ Wolfried.

Wolfried, Wolfrid   deutsch. Bedeutung: von althochdeutsch *wolf* »Wolf« und *fridu* »Friede«.

Wolter   niederdeutsche Form von ➙ Walter.

Wulf   Nebenform von ➙ Wolf.

Wunibald, Wunnibald   deutsch. Bedeutung: von althochdeutsch *wunna* »Wonne, hohe Freude« und *bald* »kühn«.

Wunibert, Wunnebrecht   deutsch. Bedeutung: von althochdeutsch *wunna* »Wonne, hohe Freude« und *beraht* »glänzend«.

Wunnibald   Nebenform von ➙ Wunibald.

X

Xaver, Xaverius verselbstständigter Beiname des heiligen
Franz Xaver, nach seinem spanischen Geburtsort Schloss
Xavier (heute Javier) in Navarra. In der Regel als
Zweitname verwendet. Internationale Varianten: Javier
(spanisch), Xavier (englisch, französisch). Berühmte
Namensträger: Franz Xaver von Baader (deutscher
Philosoph), Franz Xaver Kroetz (deutscher Schriftsteller
und Schauspieler), Xavier Naidoo (deutscher Popsänger).

Z

Zacharias, Zachäus hebräisch. Bedeutung: der Herr hat
sich meiner erinnert. Internationale Varianten: Sachar
(russisch), Zacharie (französisch), Zachary (englisch).
Berühmter Namensträger: Zacharias Werner (deutscher
Schriftsteller).
Zeno, Zenon griechisch. Bedeutung: Geschenk des Zeus.
Zölestin Nebenform von ➡ Cölestin.

Vornamen für Mädchen

Sie erwarten ein Mädchen? Auf den folgenden Seiten finden Sie die schönsten traditionellen Vornamen für Mädchen – von Aaltje bis Zita.

A

Aaltje   friesische, niederdeutsche und niederländische Kurzform zu ➤ Adelheid.

Abelena, Abelene, Abelina   erweiterte Formen von Abela, einer älteren niederdeutschen Kurzform zu ➤ Apollonia oder ➤ Adalberta.

Ada   1. Kurzform zu Vornamen mit Adel-. 2. hebräisch. Bedeutung: die Geschmückte.

Adalberta   deutsch. Bedeutung: von althochdeutsch *adal* »edel, vornehm« und *beraht* »glänzend«. Kurzformen: Alberta, Albertina, Albertine.

Adela, Adele   Kurzformen zu ➤ Adelheid. Berühmte Namensträgerin: Adele Schopenhauer (deutsche Schriftstellerin).

Adelgund, Adelgunde   deutsch. Bedeutung: von althochdeutsch *adal* »edel, vornehm« und *gund* »Kampf«.

Adelheid   deutsch. Bedeutung: von althochdeutsch *adal* »edel, vornehm« und *heit* »Art und Weise«. Kurzformen: Adela, Adele.

Adelhild, Adelhilde   deutsch. Bedeutung: von althochdeutsch *adal* »edel, vornehm« und *hiltja* »Kampf«.

Adelina   Koseform zu ➤ Adela.

Adelind, Adelinde   deutsch. Bedeutung: von althochdeutsch *adal* »edel, vornehm« und *lind* »sanft, mild« oder *linta* »Lindenholzschild«.

Adeline   Koseform zu ➤ Adela.

Adelmut, Almud, Almut   deutsch. Bedeutung: von althochdeutsch *adal* »edel, vornehm« und *muot* »Mut, Eifer, Geist«.

Adelrun, Adelrune, Alrun   deutsch. Bedeutung: von althochdeutsch *adal* »edel, vornehm« und *runa* »Geheimnis«.

Adeltraud, Adeltrud, Edeltraud, Edeltrud   deutsch. Bedeutung: von althochdeutsch *adal* »edel, vornehm« und *trud* »Kraft, Stärke«.

Adriana, Adriane   lateinisch. Bedeutung: die aus der Stadt Hadria (Adria) Stammende. Internationale Varianten: Adrienne (englisch, französisch).

Afra   lateinisch. Bedeutung: die Afrikanerin.

Agatha, Agathe   griechisch. Bedeutung: die Gute. Internationale Varianten: Agda (schwedisch). Berühmte Namensträgerin: Agatha Christie (englische Schriftstellerin).

Aglaia   griechisch. Bedeutung: Pracht, Glanz.

Agnes   griechisch. Bedeutung: die Keusche, Reine. Internationale Varianten: Agnese (italienisch), Ines, Inés (spanisch). Berühmte Namensträgerinnen: Agnes Günther (deutsche Schriftstellerin), Agnès Varda (französische Regisseurin).

Alba   lateinisch. Bedeutung: die Weiße.

Alberta, Albertina, Albertine   Kurzformen zu ➤ Adalberta.

Albrun, Albrune   deutsch. Bedeutung: von althochdeutsch *alb* »Elfe, Naturgeist« und *runa* »Geheimnis«.

Alda   Kurzform zu Vornamen mit Adel-.

Aldina, Aldine   erweiterte Formen von ➡ Alda.

Aletta, Alette   friesische Kurzformen zu ➡ Adelheid.

Alexa   Kurzform zu ➡ Alexandra.

Alexandra   griechisch. Bedeutung: Beschützerin, Verteidigerin. Kurzformen: Alexa, Lexa, Sandra. Internationale Varianten: Alessandra (italienisch).

Alexia   griechisch. Bedeutung: Hilfe, Abwehr.

Alida   niederdeutsche Kurzform zu ➡ Adelheid.

Alke, Alkje   niederdeutsche Kurzformen zu Vornamen mit Adel-.

Alma   1. spanisch, lateinischer Herkunft. Bedeutung: die Nährende, Fruchtbare. 2. Kurzform zu Vornamen mit Amal-. Berühmte Namensträgerin: Alma Sedina Henrietta Cornelia Goethe (Enkelin des Dichters).

Almud, Almut   Nebenformen von ➡ Adelmut.

Aloisia   romanisierte Form des althochdeutschen Namens *Alawis* »die vollkommen Weise«. Kurzform: Loisa.

Alrun   Nebenform von ➡ Adelrune.

Altje   friesische, niederdeutsche und niederländische Kurzform zu ➡ Adelheid.

Amalia, Amalie   Kurzform zu Vornamen mit Amal-, z. B. Amalberga, Amalgunde. Internationale Varianten: Amélie (französisch).

Amanda   lateinisch. Bedeutung: die Liebenswürdige.

Amelia, Amelie   lateinisch. Bedeutung: geht zurück auf den altrömischen Geschlechternamen Amelius.

Amrei   süddeutsche und schweizerische Kurzform zu ➡ Annemarie.

Anastasia   griechisch. Bedeutung: Auferstehung. Kurzform: Stasi.

Andrea   griechisch. Bedeutung: die Tapfere. In der Schweiz nur in Verbindung mit einem eindeutig weiblichen Zweitnamen zulässig.

Angela   griechisch-lateinisch. Bedeutung: Engel. Kurzformen: Angi, Angie, Gela, Gele, Geli. Berühmte Namensträgerinnen: Angela Carter (englische Schriftstellerin), Angela Merkel (deutsche Politikerin).

Angelika, Angelica   erweiterte Form von ➟ Angela. Internationale Varianten: Angélique (französisch). Berühmte Namensträgerin: Angelika Mechtel (deutsche Schriftstellerin).

Angi, Angie   Kurzformen zu ➟ Angela.

Anke   friesische und niederdeutsche Kurzform zu ➟ Anna.

Anna, Anne   griechische Form von ➟ Hannah. Kurzformen: Anni, Annie, Anny. Koseformen: Nana, Nane, Nanne, Nanni. Internationale Varianten: Ana, Ania (spanisch), Anita (spanische Koseform), Anica (südslawisch), Anik, Anika, Anka, Anuschka (slawische Kurzformen), Anja (russisch), Ann (englisch), Annik, Annika (schwedische Koseformen), Anouk (französische Koseform). Berühmte Namensträgerin: Anna Seghers (deutsche Schriftstellerin).

Annabeth   Zusammensetzung aus ➟ Anna und ➟ (Elisa)beth.

Annalena, Annalene   Zusammensetzungen aus ➟ Anna und ➟ Lena.

Annamaria, Annamarie   Zusammensetzungen aus ➟ Anna und ➟ Maria.

Anne   deutsche, englische und französische Nebenform von ➟ Anna.

Annegret   Zusammensetzung aus ➟ Anne und ➟ (Mar)gret.

Anneli, Annelie   süddeutsche Koseformen zu ➟ Anna.

Annelies, Anneliese, Annelis, Annelise   Zusammensetzungen aus ➥ Anne und ➥ Elisabeth. Berühmte Namensträgerin: Anneliese Rothenberger (deutsche Opernsängerin).

Annelore   Zusammensetzung aus ➥ Anne und ➥ Lore.

Annemarie, Anne-Marie   Zusammensetzungen aus ➥ Anne und ➥ Marie. Berühmte Namensträgerin: Annemarie Renger (deutsche Politikerin).

Annemie   Koseform zu ➥ Annemarie.

Annemieke   niederdeutsche Koseform zu ➥ Annemarie.

Annerose   Zusammensetzung aus ➥ Anne und ➥ Rose.

Annett, Annette   französische Koseformen zu ➥ Anna, ➥ Anne. Berühmte Namensträgerinnen: Annette von Droste-Hülshoff (deutsche Dichterin), Annette Kolb (deutsche Schriftstellerin).

Anni, Annie, Anny   Kurzformen zu ➥ Anna.

Anselma   deutsch. Bedeutung: von althochdeutsch *ans* »Gott« und *helm* »Helm«. Kurzform: Selma.

Antje   friesische und niederländische Koseform zu ➥ Anna. Berühmte Namensträgerin: Antje Vollmer (deutsche Theologin und Politikerin).

Antonia, Antonie   lateinisch. Bedeutung: geht zurück auf den altrömischen Geschlechternamen Antonius. Kurzformen: Thona, Tona, Toni (auch männlicher Vorname), Tonia. Internationale Varianten: Antoinette, Tinette (französische Koseformen), Antonella, Antoinetta (italienische Koseformen).

Apollonia   griechisch. Bedeutung: die dem Gott Apollo Geweihte. Kurzformen: Lona, Lone, Loni. Internationale Varianten: Abelone (dänisch, norwegisch), Polly (englische Kurzform).

Asa   deutsch. Bedeutung: von germanisch *ans* »Gott«.

Augusta, Auguste   lateinisch. Bedeutung: die Erhabene.
Koseform: Gustel, auch männlicher Vorname.

Augustina, Augustine   erweiterte Formen von ➙ Augusta.
Kurzformen: Stina, Stine.

Aurelia, Aurelie   lateinisch. Bedeutung: die Goldene,
Schöne. Geht zurück auf den altrömischen Geschlechternamen Aurelius.

Ava   deutsch. Bedeutung: vermutlich von altsächsisch *aval*
»Kraft«.

B

Babette   französische Koseform zu ➙ Barbara.

Babs, Babsi   Kurzformen zu ➙ Barbara.

Balbina, Balbine   lateinisch. Bedeutung: die Stammelnde.

Barbara, Barberina, Barberine   griechisch. Bedeutung:
die Fremde. Kurzformen: Babs, Babsi, Bärbel, Barbi,
Barbie. Internationale Varianten: Barbe (französische
Kurzform), Barbro (schwedische Kurzform). Berühmte
Namensträgerin: Barbara Rudnik (deutsche Schau-
spielerin).

Bärbel   Kurzform zu ➙ Barbara.

Barberina, Barberine   Nebenformen von ➙ Barbara.

Barbi, Barbie   Kurzformen zu ➙ Barbara.

Bea   Kurzform zu ➙ Beata.

Beata, Beate   lateinisch. Bedeutung: die Glückliche.
Kurzform: Bea.

Beatrix   lateinisch. Bedeutung: die Glückliche. Kurzform: Trixi. Internationale Varianten: Beatrice (italienisch). Berühmte Namensträgerin: Beatrix, Königin der Niederlande.

Becki, Becky   Kurzformen zu ➥ Rebekka.

Benedikta   lateinisch. Bedeutung: die Gesegnete. Internationale Varianten: Benedetta (italienisch), Benita (spanisch).

Benigna   lateinisch. Bedeutung: die Gütige.

Berenike   griechisch. Bedeutung: die Siegbringende.

Bernharde, Bernharda, Bernhardine   deutsch. Bedeutung: von althochdeutsch *bero* »Bär« und *harti* »hart, stark«. Internationale Varianten: Bernadette (französisch), Bernarda (englisch, französisch, niederländisch).

Berta, Berte, Bertha   Kurzformen zu Vornamen mit Bert-, z.B. Berthild, Bertfriede. Berühmte Namensträgerin: Bertha von Suttner (österreichische Schriftstellerin).

Betta, Bette, Betti   Kurzformen zu ➥ Elisabeth.

Bettina   Nebenform von ➥ Elisabeth. Berühmte Namensträgerinnen: Bettina von Arnim (deutsche Dichterin), Bettina Wegner (deutsche Liedermacherin), Bettina Zimmermann (deutsche Schauspielerin).

Betty   Kurzform zu ➥ Elisabeth.

Billa, Bille   Kurzformen zu ➥ Sibylle.

Bina, Bine   Kurzformen zu ➥ Sabine.

Birka, Birke   deutsch. Bedeutung: von althochdeutsch *bircha* »die Glänzende«.

Blanda   lateinisch. Bedeutung: die Freundliche, Reizende.

Blandina, Blandine   erweiterte Formen von ➥ Blanda. Berühmte Namensträgerin: Blandine Ebinger (deutsche Schauspielerin).

Bona lateinisch. Bedeutung: die Gute.

Bruna deutsch. Bedeutung: die Braune.

Brunhild, Brunhilde deutsch. Bedeutung: von althochdeutsch *brunni* »Brustpanzer« und *hiltja* »Kampf«.
Kurzform: Bruni.

Bruni Kurzform zu ➤ Brunhilde. Berühmte Namensträgerin: Bruni Löbel (deutsche Schauspielerin).

Bruntje ostfriesische Kurzform zu ➤ Brunhilde.

Burga, Burgel, Burgl Kurzformen zu Vornamen mit Burg-
oder -burg.

Burghild, Burghilde deutsch. Bedeutung: von althochdeutsch *burg* »Schutz, Zuflucht« und *hiltja* »Kampf«.

C

Cäcilia, Cäcilie, Zäzilie lateinisch. Bedeutung: geht auf den
altrömischen Geschlechternamen der Cäcilier zurück.
Kurzformen: Zilla, Zilli, Zilly. Internationale Varianten:
Cécile (französisch), Cecilia (italienisch), Cecily
(englisch), Silja (skandinavische Kurzform), Sissa,
Sissan (schwedische Kurzformen). Berühmte Namensträgerin: Cecilia Bartoli (italienische Sängerin).

Candida, Kandida lateinisch. Bedeutung: die Helle,
Glänzende, Reine. Internationale Varianten: Candice
(englisch), Candy (englische Kurzform).

Cara lateinisch. Bedeutung: die Liebe, Teure.

Carina erweiterte Form von ➤ Cara.

Caritas lateinisch. Bedeutung: Nächstenliebe.

Carla   Nebenform von ➙ Karla.

Carola   latinisierte Form von ➙ Karla.

Carolin, Carolina, Caroline   erweiterte Formen von ➙ Carola. Internationale Varianten: Carol, Carrie, Carry (englisch). Berühmte Namensträgerin: Caroline von Monaco (monegassische Prinzessin).

Carsta   Nebenform von ➙ Karsta.

Cassandra   Nebenform von ➙ Kassandra.

Catarina   Nebenform von ➙ Katharina.

Celia   lateinisch. Bedeutung: geht zurück auf einen altrömischen Geschlechternamen.

Celina, Celine   erweiterte Formen von ➙ Celia. Berühmte Namensträgerin: Celine Dion (kanadische Popsängerin).

Charis   griechisch. Bedeutung: Anmut, Liebreiz.

Charlotte   französische Form von ➙ Carla. Bedeutung: von althochdeutsch *kar(a)l* »Mann, Ehemann«. Kurzformen: Lotte, Lotti. Internationale Varianten: Carlotta (italienisch), Carlota (spanisch, portugiesisch). Berühmte Namensträgerinnen: Charlotte von Stein (Freundin von Goethe), Charlotte Brontë (englische Schriftstellerin), Charlotte Casiraghi (monegassische Adelstochter).

Chloe   griechisch. Bedeutung: erster Pflanzentrieb, junger Keim.

Chlothilde   Nebenform von ➙ Klothilde.

Christa, Krista   Kurzformen zu ➙ Christiane. Berühmte Namensträgerin: Christa Wolf (deutsche Schriftstellerin).

Christiane, Christiana   lateinisch. Bedeutung: die Christin, die Gesalbte. Kurzformen: Chris, Christel (auch männliche Vornamen). Internationale Varianten: Kristiane (nordisch)-Berühmte Namensträgerinnen: Christiane

Vulpius (Goethes Ehefrau), Christiane Hörbinger (österreichische Schauspielerin).

Christin   Nebenform von ➺ Christina.

Christina, Christine, Christin   Nebenformen von ➺ Christiane. Kurzformen: Chris, Christel (auch männliche Vornamen), Stina, Stine. Internationale Varianten: Kristin, Kristina, Kristine (nordisch). Berühmte Namensträgerinnen: Christina Aguilera (amerikanische Popsängerin), Christine Brückner (deutsche Schriftstellerin), Christine Kaufmann (deutsche Schauspielerin).

Clara   Nebenform von ➺ Klara.

Clarina   Nebenform von ➺ Klarina.

Clarissa, Clarisse   Nebenformen von ➺ Klarissa.

Claudia, Klaudia   lateinisch. Bedeutung: geht zurück auf das altrömische Geschlecht der Claudier. Internationale Varianten: Claude (französisch, auch männlicher Vorname), Claudette (französische Koseform), Claudine (französisch). Berühmte Namensträgerinnen: Claudia Schiffer (deutsches Fotomodell), Claudia Cardinale (italienische Schauspielerin).

Clementia, Klementia   lateinisch. Bedeutung: die Milde, Gnädige.

Clementina, Clementine, Klementina, Klementine   erweiterte Formen von ➺ Clementia.

Cölestine   lateinisch. Bedeutung: die Himmlische. Internationale Varianten: Célestine (französisch), Celestina (italienisch).

Columba, Columbina   lateinisch. Bedeutung: Taube.

Connie, Conny   Kurzformen zu ➺ Cornelia, ➺ Konstanze.

Constanze   Nebenform von ➺ Konstanze.

Cora, Kora 1. griechisch. Bedeutung: Mädchen, Tochter.
2. Kurzformen zu → Cordula, → Cordelia, → Cornelia.

Cordelia, Kordelia Nebenformen von → Cordula.

Cordula, Kordula, Cordelia, Kordelia lateinisch. Bedeutung:
Herzchen. Kurzformen: Cora, Kora.

Corina, Corinna, Korinna, Korinne erweiterte Formen von
→ Cora.

Cornelia, Kornelia lateinisch. Bedeutung: geht zurück auf
das altrömische Geschlecht der Cornelier. Kurzformen:
Connie, Conny, Cora, Kora, Neela, Neele, Nele, Nelli.
Berühmte Namensträgerin: Cornelia Froboess (deutsche
Schauspielerin).

Corona, Korona lateinisch. Bedeutung: Kranz, Krone.

Cosima, Kosima lateinisch. Bedeutung: die Wohlgeordnete,
Sittliche. Berühmte Namensträgerin: Cosima Wagner
(Ehefrau von Richard Wagner).

Crescentia Nebenform von → Kreszentia.

D

Daniela hebräisch. Bedeutung: Mein Richter ist Gott.
Internationale Varianten: Daniella (italienisch), Danielle
(französisch), Danila (slawisch).

Daphne griechisch. Bedeutung: Lorbeer, Lorbeerbaum.
Berühmte Namensträgerin: Daphne du Maurier (englische
Schriftstellerin).

Deike niederdeutsche Kurzform zu Vornamen mit Diet-.

Dela, Dele Kurzformen zu Adele (→ Adela).

Deta, Detje, Dette   niederdeutsche Kurzformen zu Vornamen mit Diet-.

Diana, Diane   lateinisch. Bedeutung: geht zurück auf die römische Göttin der Jagd. Internationale Varianten: Dianne (französisch). Berühmte Namensträgerin: Diana, Prinzessin von Wales.

Dido   griechisch, phönizische Herkunft. Bedeutung: Mondgöttin. Berühmte Namensträgerin: Dido (englische Popsängerin).

Dietburg   deutsch. Bedeutung: von althochdeutsch *thiot* »Volk« und *burg* »Schutz, Zuflucht«.

Dietgard   deutsch. Bedeutung: von althochdeutsch *thiot* »Volk« und *gard* »Hort, Schutz«.

Diethild, Diethilde   deutsch. Bedeutung: von althochdeutsch *thiot* »Volk« und *hiltja* »Kampf«.

Dietlind, Dietlinde   deutsch. Bedeutung: von althochdeutsch *thiot* »Volk« und *linta* »Lindenholzschild«.

Dietmut   deutsch. Bedeutung: von althochdeutsch *thiot* »Volk« und *muot* »Mut, Eifer, Geist«.

Dietrun   deutsch. Bedeutung: von althochdeutsch *thiot* »Volk« und *runa* »Geheimnis«.

Dina   1. Kurzform zu Vornamen, die auf -dina, -dine enden. 2. hebräisch. Bedeutung: eine, der zum Recht verholfen worden ist.

Dominika   lateinisch. Bedeutung: die dem Herrn (Jesus Christus) Gehörende. Internationale Varianten: Domenica (italienisch), Dominique (französisch, auch männlicher Vorname), Domka, Donka (russisch).

Donata, Donate   lateinisch. Bedeutung: Geschenk Gottes. Internationale Varianten: Donatella (italienisch),

Donatienne (französisch). Berühmte Namensträgerin: Donatella Versace (italienische Modeschöpferin).

Doris   1. griechisch. Bedeutung: Gabe des Meeres. 2. Kurzform zu ➡ Dorothea. Berühmte Namensträgerinnen: Doris Day (amerikanische Schauspielerin), Doris Lessing (englische Schriftstellerin), Doris Dörrie (deutsche Regisseurin).

Dorothea   lateinisch. Bedeutung: Gottesgeschenk. Kurzformen: Dora, Dore, Doris, Orthea, Orthia, Thea. Internationale Varianten: Dorothy (englisch), Dolly (englische Koseform), Doreen, Dorrit (englische Kurzformen), Dorothée (französisch), Dorette (französische Koseform), Dorina (ungarisch), Dorota (polnisch, tschechisch), Dorotea (italienisch, spanisch).

Dorte, Dörte   niederdeutsche Kurzformen zu ➡ Dorothea.

Dortje, Doortje   friesische und niederländische Kurzform zu ➡ Dorothea.

E

Ebba, Ebbe   Kurzform zu Vornamen mit Eber-.

Ebergard   deutsch. Bedeutung: von althochdeutsch *ebur* »Eber« und *gard* »Hort, Schutz«.

Ebergund, Ebergunde   deutsch. Bedeutung: von althochdeutsch *ebur* »Eber« und *gund* »Kampf«.

Eberharde, Eberhardine   deutsch. Bedeutung: von althochdeutsch *ebur* »Eber« und *harti* »hart, stark«.

Eberhild, Eberhilde   deutsch. Bedeutung: von althochdeutsch *ebur* »Eber« und *hiltja* »Kampf«.

Edda, Etta   Kurzformen zu Vornamen mit Ed-.

Edelgard, Edelgart   Nebenform von Adalgard. Bedeutung: von althochdeutsch *adal* »edel, vornehm« und *gard* »Hort, Schutz«.

Edeltraud, Edeltrud   Nebenformen von ➔ Adeltraud.

Edmunda, Edmunde   englisch. Bedeutung: von altenglisch *ead* »Erbgut, Besitz« und *munt* »Schutz der Unmündigen«.

Eduarde, Eduardine, Edwardina   englisch. Bedeutung: von altenglisch *ead* »Erbgut, Besitz« und *weard* »Hüter, Schützer«.

Edwina, Edwine   deutsch. Bedeutung: von althochdeutsch *ot* »Besitz« und *wini* »Freund«.

Effi   Kurzform zu ➔ Elfriede.

Eike   niederdeutsche Kurzform zu Vornamen mit Eg-, Agi-. Nur in Verbindung mit einem eindeutig weiblichen Zweitnamen zulässig.

Ela   Kurzform zu ➔ Elisabeth.

Eleonora, Eleonore   altprovenzalisch. Bedeutung unklar. Kurzformen: Elli, Leonore, Lora, Lore, Nelli, Nora. Internationale Varianten: Eleanor, Elinor, Elinore, Ellinor (englisch). Berühmte Namensträgerinnen: Eleonore von Aquitanien (französische Fürstin), Eleonora Duse (italienische Schauspielerin).

Elfe   Kurzform zu Vornamen mit Elf-.

Elfi, Elfie   Kurzformen zu ➔ Elfriede.

Elfriede   deutsch, angelsächsischer Herkunft. Bedeutung: von althochdeutsch *adal* »edel, vornehm« und *fridu* »Friede«. Kurzformen: Effi, Elfi, Elfie. Berühmte Namensträgerinnen: Elfriede Jelinek (österreichische Schriftstellerin).

Elftraud, Elftrud   deutsch. Bedeutung: von althochdeutsch *alb* »Elfe, Naturgeist« und *trud* »Kraft, Stärke«.

Eliana, Eliane   hebräisch. Bedeutung: Mein Gott ist Jahwe.

Elisa   Kurzform zu ➝ Elisabeth.

Elisabeth, Elisabetha, Bettina   hebräisch. Bedeutung: die Gott verehrt, die Gottgeweihte. Kurzformen: Betta, Bette, Betti, Betty, Ela, Elisa, Elise, Elli, Elsa, Else, Elsbeth, Ilsa, Ilse, Lies, Liese, Liesbeth, Liesel, Lill, Lilli, Lilly, Lis, Lisa, Lisabeth, Lisbeth, Lise, Lisel. Internationale Varianten: Eilis, Eilise (irisch), Elizabeth (englisch), Liz, Liza, Lizzy (englische Kurzformen), Jelisaweta (russisch). Berühmte Namensträgerinnen: Elisabeth Langgässer (deutsche Schriftstellerin), Elisabeth Schwarzkopf (deutsche Sopranistin), Elizabeth II., Königin von Großbritannien, Elizabeth Taylor (englische Schauspielerin).

Elise   Kurzform zu ➝ Elisabeth.

Elke   friesische Kurzform zu ➝ Adelheid. Berühmte Namensträgerinnen: Elke Sommer (deutsche Schauspielerin), Elke Heidenreich (deutsche Journalistin und TV-Moderatorin).

Ella   Kurzform zu ➝ Elisabeth, ➝ Eleonore, ➝ Elfriede.

Elli   Kurzform zu ➝ Eleonora, ➝ Elisabeth.

Elma   Kurzform zu Vornamen, die auf -elma enden, z.B. ➝ Wilhelma.

Elsa, Else   Kurzformen zu ➝ Elisabeth.

Elsbeth   Kurzform zu ➝ Elisabeth.

Elscha, Elsche   niederdeutsch-ostfriesische Kurzformen zu ➝ Elisabeth.

Else   Nebenform von ➝ Elsa.

Emerentia, Emerenz   lateinisch. Bedeutung: die Würdige.

Emerita   lateinisch. Bedeutung: die Verdienstvolle.

Emilia, Emilie   lateinisch. Bedeutung: geht zurück auf den altrömischen Geschlechternamen der Ämilier. Kurzformen: Emma, Emmi, Emmy, Emy. Internationale Varianten: Emily (englisch). Berühmte Namensträgerin: Emily Brontë (englische Schriftstellerin).

Emiliana   erweiterte Form von ➜ Emilia.

Emma, Hemma   1. selbstständige Kurzform zu Vornamen mit Erm- oder Irm-. 2. Kurzform zu ➜ Emilia. Berühmte Namensträgerin: Emma Thompson (englische Schauspielerin).

Emmeline, Emmelina   erweiterte Formen von ➜ Emma.

Emmi, Emmy   Kurzformen zu ➜ Emma, ➜ Emilia.

Emmilotte   Zusammensetzung aus ➜ Emma und ➜ Lotte.

Engelberga   deutsch. Bedeutung: Zusammensetzung aus dem Stammesnamen der Angeln und althochdeutsch *bergan* »bergen, schützen«.

Engelberta   deutsch. Bedeutung: Zusammensetzung aus dem Stammesnamen der Angeln und althochdeutsch *beraht* »glänzend«.

Engelburg, Engelburga   deutsch. Bedeutung: Zusammensetzung aus dem Stammesnamen der Angeln und althochdeutsch *burg* »Schutz, Zuflucht«.

Engelgard   deutsch. Bedeutung: Zusammensetzung aus dem Stammesnamen der Angeln und althochdeutsch *gard* »Hort, Schutz«.

Engeltraud, Engeltrud   deutsch. Bedeutung: Zusammensetzung aus dem Stammesnamen der Angeln und althochdeutsch *trud* »Kraft, Stärke«.

Erica   Nebenform von ➜ Erika.

Erika, Erica   deutsch. Bedeutung: von althochdeutsch *era* »Ehre, Ansehen« und *rihhi* »reich, mächtig«. Berühmte Namensträgerinnen: Erika Pluhar (österreichische Schauspielerin), Erica Jong (amerikanische Schriftstellerin).

Erkengard   deutsch. Bedeutung: von althochdeutsch *erkan* »ausgezeichnet, echt« und *hiltja* »Kampf«.

Erkenhild, Erkenhilde   deutsch. Bedeutung: von althochdeutsch *erkan* »ausgezeichnet, echt« und *gard* »Hort, Schutz«.

Erkentraud, Erkentrud   deutsch. Bedeutung: von althochdeutsch *erkan* »ausgezeichnet, echt« und *trud* »Kraft, Stärke«.

Erla   Kurzform zu Vornamen mit Erl-.

Erltraud, Erltrud   deutsch. Bedeutung: von althochdeutsch *erl* »Freie, Vornehme« und *trud* »Kraft, Stärke«.

Erlwine   deutsch. Bedeutung: von althochdeutsch *erl* »Freie, Vornehme« und *wini* »Freund«.

Erma   Nebenform von ➙ Irma.

Ermelina   erweiterte Form von ➙ Erma, Nebenform von ➙ Irmela.

Ermelinda   Nebenform von ➙ Irmlinde.

Ermengard   Nebenform von ➙ Irmgard.

Ermenhild, Ermenhilde   Nebenformen von ➙ Irmhild.

Ermentraud, Ermentrud   Nebenformen von ➙ Irmtraud.

Ermlinde   Nebenform von ➙ Irmlinde.

Ermtraud, Ermtrud   Nebenformen von ➙ Irmtraud.

Erna   Kurzform zu ➙ Ernesta oder zu Vornamen mit Arn-, Ern-.

Ernesta   deutsch. Bedeutung: die Ernste, Gestrenge, Besonnene. Kurzform: Erna.

Ernestine, Ernestina   erweiterte Formen von → Ernesta.
Kurzformen: Stina, Stine.

Erwine   deutsch. Bedeutung: von althochdeutsch *heri*
»Kriegsschar, Heer« und *wini* »Freund«.

Ester, Esther   hebräisch, persischer Herkunft. Bedeutung:
Stern. Internationale Varianten: Hester (englisch).
Berühmte Namensträgerinnen: Esther Williams
(amerikanische Schauspielerin), Esther Ofarim (israelische
Sängerin).

Etta   1. Kurzform zu Vornamen, die auf -etta enden,
z.B. Henrietta. 2. Nebenform von → Edda.

Eufemia   Nebenform von → Euphemia.

Eugenia, Eugenie   griechisch. Bedeutung: die Wohlgeborene.
Kurzform: Genia.

Eulalia, Eulalie   griechisch. Bedeutung: die Wohlredende,
Beredte.

Eunike   griechisch. Bedeutung: guter Sieg. Internationale
Varianten: Eunice (englisch).

Euphemia, Eufemia   griechisch. Bedeutung: die Glück-
verheißende.

Eusebia   griechisch. Bedeutung: die Fromme, Gottesfürchtige.

Eva   hebräisch. Bedeutung: die Lebensspenderin. Kurzform:
Evi. Internationale Varianten: Eve (englisch, französisch),
Evita (spanisch Koseform). Berühmte Namensträgerin:
Eva Matthes (deutsche Schauspielerin).

Evamaria, Eva-Maria   Zusammensetzungen aus → Eva und
→ Maria.

Everose   Zusammensetzung aus → Eva und → Rose.

F

Fabia   lateinisch. Bedeutung: geht zurück auf den altrömischen Geschlechternamen Fabius.

Fabiana, Fabiane   erweiterte Formen von ➡ Fabia. Internationale Varianten: Fabienne (französisch).

Fanni, Fanny   Kurzformen zu ➡ Franziska, ➡ Stephanie. Berühmte Namensträgerin: Fanny Ardant (französische Schauspielerin).

Faralda   deutsch. Bedeutung: von althochdeutsch *faran* »fahren, reisen« und *waltan* »walten, herrschen«.

Farhild, Farhilde   deutsch. Bedeutung: von althochdeutsch *faran* »fahren, reisen« und *hiltja* »Kampf«.

Fee   Kurzform zu ➡ Felicitas.

Felicitas, Felizitas   lateinisch. Bedeutung: Glück, Glückseligkeit. Kurzformen: Fee, Zita. Internationale Varianten: Felicia, Felizia (italienisch), Felicity (englisch). Berühmte Namensträgerin: Felicitas Woll (deutsche Schauspielerin).

Ferdinanda, Ferdinande, Fernanda, Fernande   deutsch. Bedeutung: von gotisch *frith* »Friede, Schutz« und *nanth* »Kühnheit«.

Fieke   niederdeutsche Kurzform zu ➡ Sophie.

Fiene   niederdeutsche Kurzform zu ➡ Josefine.

Fila   Kurzform zu Vornamen mit Fil-.

Filiberta   deutsch. Bedeutung: von althochdeutsch *filu* »viel« und *beraht* »glänzend«.

Fina, Fine, Finetta, Finette   Kurzformen zu ➡ Josefine.

Firmina   lateinisch. Bedeutung: die Starke.

Fita   Kurzform zu ➜ Friederike.

Flora, Floria   lateinisch. Bedeutung: Blume, Blüte. Internationale Varianten: Fleur, Fleurette (französisch).

Florentia, Florenzia   lateinisch. Bedeutung: die Blühende, die in hohem Ansehen Stehende. Internationale Varianten: Florence (englisch, französisch). Berühmte Namensträgerin: Florence Nightingale (englische Krankenschwester).

Florentina, Florentine   erweiterte Formen von ➜ Florentia.

Florenzia   Nebenform von ➜ Florentia.

Floria   Nebenform von ➜ Flora.

Floriana, Floriane   lateinisch. Bedeutung: die Blühende, Glänzende, in hohem Ansehen Stehende.

Folke   Kurzform zu Vornamen mit Volk-. Nur in Verbindung mit einem eindeutig weiblichen Zweitnamen zulässig.

Fortuna   lateinisch. Bedeutung: Glück, Schicksal. Name der römischen Schicksalsgöttin.

Franca   Nebenform von ➜ Franka.

Franka, Franca   deutsch. Bedeutung: ursprünglich Beiname »die Fränkin«, aber auch »die Freie«. Internationale Varianten: France (französisch). Berühmte Namensträgerin: Franka Potente (deutsche Schauspielerin).

Franzi   Kurzform zu ➜ Franziska.

Franziska   lateinisch. Bedeutung: die kleine Französin. Kurzformen: Fanni, Fanny, Franzi, Ziska, Zissi, Zissy. Internationale Varianten: Ferike (ungarisch), Frances (englisch), Francesca (italienisch), Francisca (spanisch), Franciska, Frantiska (slawisch), Françoise (französisch), Franeka, Franica (slawische Nebenformen), Siska (schwedische Kurzform). Berühmte Namensträgerinnen: Franziska van Almsick (deutsche Schwimmerin), Franziska Becker (deutsche Karikaturistin).

Frauke friesisch. Bedeutung: 1. Verkleinerung von althochdeutsch *frouwa* »Frau«. 2. von althochdeutsch *frawa* »fröhlich, heiter«. Berühmte Namensträgerin: Frauke Ludowig (deutsche TV-Moderatorin).

Freda niederdeutsche und schwedische Kurzform zu → Frederika.

Fredegund Nebenform von → Friedegund.

Frederika niederdeutsch-friesische Form von → Friederike.

Frida ältere Form von → Frieda.

Frieda Kurzform zu Vornamen mit Fried- oder -friede.

Friedegard Nebenform von → Friedgard.

Friedegund, Fredegund deutsch. Bedeutung: von althochdeutsch *fridu* »Friede« und *gund* »Kampf«.

Friedel Nebenform von → Frieda. Nur in Verbindung mit einem eindeutig weiblichen Zweitnamen zulässig.

Friederike deutsch. Bedeutung: von althochdeutsch *fridu* »Friede« und *rihhi* »reich, mächtig«. Kurzformen: Fita, Fritzi. Internationale Varianten: Federica (italienisch), Frédérique (französisch). Berühmte Namensträgerinnen: Friederike Brion (Goethes Jugendliebe), Friederike Mayröcker (österreichische Schriftstellerin).

Friedgard, Friedegard deutsch. Bedeutung: von althochdeutsch *fridu* »Friede« und *gard* »Hort, Schutz«.

Friedhild, Friedhilde deutsch. Bedeutung: von althochdeutsch *fridu* »Friede« und *hiltja* »Kampf«.

Friedlind, Friedlinde deutsch. Bedeutung: von althochdeutsch *fridu* »Friede« und *linta* »Lindenholzschild«.

Friedrun   deutsch. Bedeutung: von althochdeutsch *fridu* »Friede« und *runa* »Geheimnis«.

Frigga, Frigge   niederdeutsche Kurzformen zu ➙ Friederike.

Fritzi   Kurzform zu ➙ Friederike.

Frodegard   deutsch. Bedeutung: von althochdeutsch *fruot* »klug, weise« und *gard* »Hort, Schutz«.

Fulberta   Nebenform von ➙ Volkberta.

G

Gabi   Kurzform zu ➙ Gabriele.

Gabriela   Nebenform von ➙ Gabriele.

Gabriele, Gabriela   hebräisch. Bedeutung: Frau Gottes. Kurzformen: Gabi, Gaby. Internationale Varianten: Gabriella (italienisch), Gabrielle (französisch). Berühmte Namensträgerinnen: Gabriele Münter (deutsche Malerin), Gabriele Wohmann (deutsche Schriftstellerin). In der Schweiz ist Gabriele nur in Verbindung mit einem eindeutig weiblichen Zweitnamen zulässig.

Gaby   Kurzform zu ➙ Gabriele.

Garda, Gardina   friesische Nebenformen zu ➙ Gerda.

Gebharde   deutsch. Bedeutung: von althochdeutsch *geba* »Gabe« und *harti* »hart, stark«.

Gebke   ostfriesische Kurzform zu Vornamen mit Geb-.

Geerta, Geertje   westfriesische Kurzformen zu ➙ Gerharda.

Gela, Gele, Geli   Kurzformen zu ➙ Angela

Gemma   lateinisch. Bedeutung: Edelstein.

Genofeva   Nebenform von ➙ Genoveva.

Genoveva, Genovefa deutsch. Bedeutung: vermutlich von germanisch *ginu* »weit, ausgedehnt« und *waifo* »die sich Bewegende«. Kurzformen: Veva, Vevi. Internationale Varianten: Geneviève (französisch).

Georgia griechisch. Bedeutung: Bäuerin. Internationale Varianten: Georgette (französisch).

Georgina, Georgine erweiterte Formen von → Georgia.

Gera Kurzform zu Vornamen mit Ger-.

Geralde deutsch. Bedeutung: von althochdeutsch *ger* »Speer« und *waltan* »walten, herrschen«.

Geraldine erweiterte Form von → Geralde, im französischen und englischen Sprachraum sehr beliebt.

Gerburg deutsch. Bedeutung: von althochdeutsch *ger* »Speer« und *bergan* »bergen, schützen«.

Gerda 1. nordisch. Bedeutung: von altisländisch *gerdhr* »Umfriedung, Einhegung«. 2. Kurzform zu → Gertrud.

Gerde, Gerdi Nebenformen von → Gerda.

Gerharda, Gerharde deutsch. Bedeutung: von althochdeutsch *ger* »Speer« und *harti* »hart, stark«.

Gerhardine erweiterte Form von → Gerharda.

Gerhild, Gerhilde deutsch. Bedeutung: von althochdeutsch *ger* »Speer« und *hiltja* »Kampf«.

Geriet, Gerit friesische Kurzformen zu → Geralde. Nur in Verbindung mit einem eindeutig weiblichen Zweitnamen zulässig.

Gerlind, Gerlinde deutsch. Bedeutung: von althochdeutsch *ger* »Speer« und *linta* »Lindenholzschild«.

Gerrit friesische Kurzform zu → Geralde. Nur in Verbindung mit einem eindeutig weiblichen Zweitnamen zulässig.

Gertraud, Gertraude Nebenformen von ➜ Gertrud. Kurzformen: Traude, Traudel.

Gertrud, Gertrude, Gertrudis, Gertraud, Gertraude deutsch.
Bedeutung: von althochdeutsch *ger* »Speer« und *trud*
»Kraft, Stärke«. Kurzformen: Gerda, Gerde, Gerdi, Gerti,
Gerty, Trude, Trudi, Trudy, Traude, Traudel. Berühmte
Namensträgerinnen: Gertrud von Le Fort (deutsche Schrift-
stellerin), Gertrude Stein (amerikanische Schriftstellerin).

Gesa, Gescha, Gesche, Gese niederdeutsche und friesische
Kurzformen zu ➜ Gertrud.

Gesine erweiterte Form von ➜ Gesa.

Gina Kurzform zu ➜ Regina.

Gisa Kurzform zu Vornamen mit Gis-.

Gisberga, Giselberga deutsch. Bedeutung: von germanisch
gisa(l) »Spross« oder althochdeutsch *gisal* »Geisel« und
bergan »bergen, schützen«.

Gisberta, Giselberta deutsch. Bedeutung: von germanisch
gisa(l) »Spross« oder althochdeutsch *gisal* »Geisel« und
beraht »glänzend«.

Gisela selbstständige Kurzform zu Vornamen mit Gis-. Internationale Varianten: Giselle, Gisèle (französisch). Berühmte
Namensträgerin: Gisela Schlüter (deutsche Kabarettistin).

Giselberga Nebenform von ➜ Gisberga

Giselberta Nebenform von ➜ Gisberta.

Giseltraud, Giseltrud deutsch. Bedeutung: von germanisch
gisa(l) »Spross« oder althochdeutsch *gisal* »Geisel« und
trud »Kraft, Stärke«.

Gislind, Gislinde deutsch. Bedeutung: von germanisch
gisa(l) »Spross« oder althochdeutsch *gisal* »Geisel« und
linta »Lindenholzschild«.

Gloria   lateinisch. Bedeutung: Ruhm, Ehre. Berühmte Namensträgerin: Gloria von Thurn und Taxis (deutsche Fürstin).

Goda, Godela   Kurzformen zu Vornamen mit God-.

Godelinde, Gotlinde   deutsch. Bedeutung: von althochdeutsch *got* »Gott« und *linta* »Lindenholzschild«.

Godola   Kurzform zu Vornamen mit God-.

Gonda   Nebenform von ➞ Gunda.

Göntje   nordfriesische Kurzform zu Vornamen, die auf -gonde, -gunde enden.

Gotje   niederdeutsche Kurzform zu Vornamen mit Got-.

Gotlinde   Nebenform von ➞ Godelinde.

Gotthild, Gotthilde   deutsch. Bedeutung: von althochdeutsch *got* »Gott« und *hiltja* »Kampf«.

Gratia, Grazia   lateinisch. Bedeutung: die Anmutige. Internationale Varianten: Grace (englisch), Gracia (spanisch, niederländisch).

Greet, Greetje   niederdeutsche Kurzformen zu ➞ Margarete.

Greta, Grete, Grethe   Kurzformen zu ➞ Margarete. Berühmte Namensträgerin: Greta Garbo (schwedische Schauspielerin), Grethe Weiser (deutsche Schauspielerin).

Grietje   niederdeutsche Kurzform zu ➞ Margarete.

Griselda, Griseldis   deutsch. Bedeutung: von altfranzösisch *gris* »grau« und althochdeutsch *hiltja* »Kampf«.

Guda   Kurzform zu Vornamen mit Gud-, Gund-.

Güde, Gyde   nordfriesisch. Bedeutung: von altnordisch *gudh* »Gott«.

Gudrun, Gudula   deutsch. Bedeutung: von altnordisch *gudr* »Kampf« und althochdeutsch *runa* »Geheimnis«. Berühmte Namensträgerinnen: Gudrun Pausewang (deutsche

Schriftstellerin), Gudrun Landgrebe (deutsche Schauspielerin).

Gudula 1. Nebenform von ➙ Gudrun. 2. erweiterte Form von ➙ Guda.

Gunda, Gunde, Gundel, Gonda Kurzformen zu Vornamen mit Gund- oder -gund(e). Berühmte Namensträgerin: Gunda Niemann-Stirnemann (deutsche Eisschnellläuferin).

Gundela Nebenform von ➙ Gundula.

Gundelinde, Guntlinde deutsch. Bedeutung: von althochdeutsch *gund* »Kampf« und *linta* »Lindenholzschild«.

Gundula, Gundela erweiterte Formen von ➙ Gunda oder von Vornamen, die auf -gund(e) enden.

Gunhild Nebenform von ➙ Gunthild.

Gunthild, Gunhild deutsch. Bedeutung: von althochdeutsch *gund* »Kampf« und *hiltja* »Kampf«.

Guntlinde Nebenform von ➙ Gundelinde.

Guntrada deutsch. Bedeutung: von althochdeutsch *gund* »Kampf« und *rat* »Ratgeber«.

Guntrun deutsch. Bedeutung: von althochdeutsch *gund* »Kampf« und *runa* »Geheimnis«.

Gusta, Guste Nebenformen von ➙ Auguste.

H

Hadburg, Hadburga deutsch. Bedeutung: von althochdeutsch *hadu* »Kampf« und *burg* »Schutz, Zuflucht«.

Hadelind, Hadelinde deutsch. Bedeutung: von althochdeutsch *hadu* »Kampf« und *linta* »Lindenholzschild«.

Hadmut, Hadmute deutsch. Bedeutung: von althochdeutsch *hadu* »Kampf« und *muot* »Mut, Eifer, Geist«.

Hanna, Hanne Kurzformen zu → Johanna.

Hannah hebräisch. Bedeutung: Gott war gnädig. Internationale Varianten: Hana (tschechisch, polnisch), Hanka (slawisch).

Hanne Nebenform von → Hanna.

Hannelore Zusammensetzung aus → Hanna und → Lore. Berühmte Namensträgerinnen: Hannelore Elsner (deutsche Schauspielerin), Hannelore Hoger (deutsche Schauspielerin).

Hanni Kurzform zu → Johanna.

Hansi Koseform zu → Johanna. Nur in Verbindung mit einem eindeutig weiblichen Zeitnamen zulässig.

Hauke Kurzform zu Vornamen mit Hug-. Nur in Verbindung mit einem eindeutig weiblichen Zweitnamen zulässig.

Heda, Hedda nordische Kurzformen zu → Hedwig.

Hede, Hedi Kurzformen zu → Hedwig.

Hedwig deutsch. Bedeutung: von althochdeutsch *hadu* »Kampf, Streit« und *wig* »Kampf«. Kurzformen: Hede, Hedi, Hedy, Hese, Heseke. Internationale Varianten: Jadwiga (polnisch). Berühmte Namensträgerin: Hedwig Courths-Mahler (deutsche Schriftstellerin).

Hedy Kurzform zu → Hedwig.

Heida, Heide Kurzformen zu → Adelheid.

Heidelore Zusammensetzung aus → Heide und → Lore.

Heidemarie, Heidemaria Zusammensetzungen aus → Heide und → Maria.

Heiderose Zusammensetzung aus → Heide und → Rose.

Heidi Koseform zu → Adelheid, → Heidrun. Berühmte
Namensträgerin: Heidi Klum (deutsches Fotomodell).

Heidina ostfriesische Kurzform zu Vornamen mit Heid-,
-heid.

Heidrun deutsch. Bedeutung: von althochdeutsch *heit*
»Art und Weise« und *runa* »Geheimnis«.

Heike niederdeutsche Koseform zu → Heinrike.
Berühmte Namensträgerinnen: Heike Drechsler
(deutsche Leichtathletin), Heike Makatsch (deutsche
Schauspielerin).

Heila, Heile Kurzformen zu Vornamen mit Heil-.

Heilburg deutsch. Bedeutung: von althochdeutsch *heil*
»gesund« und *burg* »Schutz, Zuflucht«.

Heilgard deutsch. Bedeutung: von althochdeutsch *heil*
»gesund« und *gard* »Hort, Schutz«.

Heilka, Heilke ostfriesische Kurzformen zu Vornamen mit
Heil-.

Heiltraud, Heiltrud deutsch. Bedeutung: von althochdeutsch *heil* »gesund« und *trud* »Kraft, Stärke«.

Heilwig deutsch. Bedeutung: von althochdeutsch *heil*
»gesund« und *wig* »Kampf«.

Heinke ostfriesisch-niederdeutsche Kurzform zu
→ Heinrike. Nur in Verbindung mit einem eindeutig
weiblichen Zweitnamen zulässig.

Heinrike deutsch. Bedeutung: von *hag* »Einfriedung, Hof«
und *rihhi* »reich, mächtig«. Internationale Varianten:
Jindra (tschechisch).

Helena, Helene griechisch. Bedeutung: die Glänzende,
Wärmende. Kurzformen: Hella, Lena, Lene, Leni, Nelli.
Internationale Varianten: Alina (russisch), Eileen, Eilene

(englisch/irisch), Elaine (altfranzösisch, englisch), Elena (griechisch, italienisch, spanisch, russisch), Elin, Elina (schwedisch, finnisch), Ellen, Helen (englisch), Halina (polnisch), Hélène (französisch), Ileana (rumänisch), Ilona (ungarisch), Ilka, Ilonka (ungarische Kurzformen), Jelena (russisch), Jelenka (russische Koseform). Berühmte Namensträgerinnen: Helene Lange (deutsche Frauenrechtlerin), Helene Weigel (deutsche Schauspielerin), Helena Christensen (dänisches Fotomodell).

Helga nordisch. Bedeutung: von schwedisch *hel* »gesund, heil«. Kurzform: Hella. Internationale Varianten: Olga (russisch). Berühmte Namensträgerin: Helga Anders (deutsche Schauspielerin).

Hella Kurzform zu ➞ Helena oder ➞ Helga.

Helma Kurzform zu Vornamen mit Helm-, -helma.

Helmburg deutsch. Bedeutung: von althochdeutsch *helm* »Helm« und *burg* »Schutz, Zuflucht«.

Helmgard deutsch. Bedeutung: von althochdeutsch *helm* »Helm« und *gard* »Hort, Schutz«.

Helmina, Helmine Kurzformen zu ➞ Wilhelmina.

Helmtraud, Helmtrud deutsch. Bedeutung: von althochdeutsch *helm* »Helm« und *trud* »Kraft, Stärke«.

Hemma Nebenform von ➞ Emma.

Hendrika, Hendrike, Hendrikje niederdeutsch-niederländische Nebenformen von ➞ Henrika.

Henni, Henny Kurzformen zu ➞ Henrietta, ➞ Henrika.

Henrietta, Henriette französisch, weibliche Formen von Henri (➞ Heinrich). Kurzformen: Henni, Henny, Jetta, Jette. Internationale Varianten: Enrica (italienisch), Harriet (englisch).

Henrika, Henrike   niederdeutsch. Bedeutung: von althoch-deutsch *hag* »Einfriedung, Hof« und *rihhi* »reich, mächtig«. Kurzformen: Henni, Henny.

Hera   griechisch. Bedeutung: In der griechischen Mytho-logie ist Hera die Gattin des Zeus.

Herdina   Koseform zu Vornamen mit Her-, Hard-.

Herlind, Herlinde, Herlindis   deutsch. Bedeutung: von althochdeutsch *heri* »Kriegsschar, Heer« und *linta* »Lindenholzschild«.

Herma   Kurzform zu → Hermine, → Hermanna.

Hermanna, Hermanne   deutsch. Bedeutung: von althoch-deutsch *heri* »Kriegsschar, Heer« und *man* »Mann«. Kurzform: Herma.

Hermine, Hermina   deutsch. Bedeutung: von althochdeutsch *heri* »Kriegsschar, Heer« und *man* »Mann«. Kurzformen: Herma, Mina, Mine. Berühmte Namensträgerin: Hermine Körner (deutsche Schauspielerin).

Hermione   griechisch. Bedeutung: geht auf den Götter-namen Hermes zurück.

Herta, Hertha   Beruht auf einer falschen Lesart des Namens der bei Tacitus erwähnten germanischen Fruchtbarkeits-göttin Nerthus. Berühmte Namensträgerin: Herta Müller (rumäniendeutsche Schriftstellerin).

Hertrud   deutsch. Bedeutung: von althochdeutsch *heri* »Kriegsschar, Heer« und *trud* »Kraft, Stärke«.

Hese, Heseke   Kurzformen zu → Hedwig

Hilda, Hilde   Kurzformen zu Vornamen mit Hild-, -hild. Berühmte Namensträgerin: Hilde Domin (deutsche Lyrikerin).

Hildegard   deutsch. Bedeutung: von althochdeutsch *hiltja* »Kampf« und *gard* »Hort, Schutz«. Berühmte Namensträgerinnen: Hildegard von Bingen (deutsche Äbtissin und Mystikerin), Hildegard Knef (deutsche Schauspielerin).

Hildegund, Hildegunde   deutsch. Bedeutung: von althochdeutsch *hiltja* »Kampf« und *gund* »Kampf«.

Hildemut   deutsch. Bedeutung: von althochdeutsch *hiltja* »Kampf« und *muot* »Mut, Eifer, Geist«.

Hildrun   deutsch. Bedeutung: von althochdeutsch *hiltja* »Kampf« und *runa* »Geheimnis«.

Hilka, Hilke   friesische Kurzformen zu Vornamen mit Hilde-.

Hilma   Kurzform zu Vornamen mit Helm-, -helma.

Hilla   niederdeutsch-friesische Kurzform zu Vornamen mit Hilde-.

Hiltraud, Hiltrud, Hiltrude   deutsch. Bedeutung: von althochdeutsch *hiltja* »Kampf« und *trud* »Kraft, Stärke«.

Hiska, Hissa   friesische Kurzformen zu Vornamen mit Hild-.

Holda   Nebenform von ➙ Hulda.

Holle   Nebenform von ➙ Hulda.

Huberta, Hubertina, Hubertine   deutsch. Bedeutung: von althochdeutsch *hugu* »Gedanke, Verstand« und *beraht* »glänzend«.

Hulda, Holda, Holle   deutsch. Bedeutung: von althochdeutsch *holda* »weiblicher Geist«.

I

Ida   Kurzform zu Vornamen mit Ida- und Idu-. Berühmte Namensträgerin: Ida Ehre (österreichische Schauspielerin und Regisseurin).

Idis   Nebenform von ➙ Ida.

Ignatia   lateinisch. Bedeutung: von lateinisch *igneus* »feurig, glühend«.

Ilsa   Nebenform von ➙ Ilse und ➙ Elisabeth.

Ilse   selbstständige Kurzform zu ➙ Elisabeth. Berühmte Namensträgerin: Ilse Aichinger (österreichische Schriftstellerin).

Ilsebill   Zusammensetzung aus ➙ Ilse und ➙ Sibylle.

Ilske   niederdeutsche Koseform zu ➙ Ilse.

Imke   friesische Kurzform zu Vornamen mit Irm-.

Imma   Kurzform zu Vornamen mit Irm-.

Ina   Kurzform zu Vornamen, die auf -ina enden. Berühmte Namensträgerin: Ina Seidel (deutsche Schriftstellerin).

Ineke   friesische Kurzform zu ➙ Ina.

Inge   Kurzform zu ➙ Ingeborg.

Ingeborg   nordische Form von ➙ Ingeburg. Kurzform: Inge. Berühmte Namensträgerinnen: Ingeborg Bachmann (österreichische Schriftstellerin), Ingeborg Hallstein (deutsche Sopranistin).

Ingeburg   deutsch. Bedeutung: von althochdeutsch *Ingwio* (germanischer Stammesgott) und *burg* »Schutz, Zuflucht«.

Ingegund   deutsch. Bedeutung: von althochdeutsch *Ingwio* (germanischer Stammesgott) und *gund* »Kampf«.

Ingehild   deutsch. Bedeutung: von althochdeutsch *Ingwio* (germanischer Stammesgott) und *hiltja* »Kampf«.

Ingela   Koseform zu ➙ Inge.

Ingelies   Zusammensetzung aus ➙ Inge und ➙ Liese.

Ingelore   Zusammensetzung aus ➙ Inge und ➙ Lore.

Ingelotte   Zusammensetzung aus ➙ Inge und ➙ Lotte.

Ingemaren   Zusammensetzung aus ➙ Inge und ➙ Maren.

Ingemarie   Zusammensetzung aus ➙ Inge und ➙ Marie.

Ingerose   Zusammensetzung aus ➙ Inge und ➙ Rose.

Inka, Inke, Inken   friesische Kurzformen zu Vornamen mit Ing-.

Innocentia, Innozentia   lateinisch. Bedeutung: die Unschuldige. Kurzformen: Zenta, Zenz, Zenzi.

Insa, Inse, Inska, Inske   friesische Kurzformen zu Vornamen mit Ing-.

Iphigenie   griechisch. Bedeutung: die aus mächtigem Geschlecht, Name aus der griechischen Mythologie.

Irene   griechisch. Bedeutung: die Friedliche. Kurzformen: Rena, Reni. Internationale Varianten: Irena, Irina (slawisch), Irka (polnische Kurzform). Berühmte Namensträgerinnen: Irene Epple (deutsche Skifahrerin), Irene Dische (amerikanische Schriftstellerin).

Iris   griechisch. Bedeutung: Name der griechischen Götterbotin. Berühmte Namensträgerin: Iris Berben (deutsche Schauspielerin).

Irma, Erma   Kurzformen zu Vornamen mit Irm-.

Irmberga, Irmburg, Irmenburg   deutsch. Bedeutung: von althochdeutsch *irmin* »allumfassend, groß« und *burg* »Schutz, Zuflucht«.

Irmela, Ermelina   Koseformen zu ➙ Irma.

Irmelies   Zusammensetzung aus ➙ Irma und ➙ Liese.

Irmelin   Koseform zu ➙ Irma.

Irmenburg   Nebenform von ➙ Irmburg (➙ Irmberga).

Irmentraud, Irmenturd   Nebenform von ➙ Irmtraud.

Irmgard, Irmengard, Irmingard, Ermengard   deutsch. Bedeutung: von althochdeutsch *irmin* »allumfassend, groß« und *gard* »Hort, Schutz«. Berühmte Namensträgerin: Irmgard Seefried (österreichische Sängerin).

Irmhild, Irminhild, Ermenhild, Ermenhilde deutsch.
Bedeutung: von althochdeutsch *irmin* »allumfassend,
groß« und *hiltja* »Kampf«. Internationale Varianten:
Imelda (italienisch).

Irmingard Nebenform von → Irmgard.

Irminhild Nebenform von → Irmhild.

Irmlinde, Irmlinde, Ermelinda, Ermlinde deutsch. Bedeutung:
von althochdeutsch *irmin* »allumfassend, groß« und *linta*
»Lindeholzschild«.

**Irmtraud, Irmentraud, Irmtrud, Irmentrud, Ermentraud,
Ermentrud, Ermtraud, Ermtrud** deutsch. Bedeutung: von
althochdeutsch *irmin* »allumfassend, groß« und *trud*
»Kraft, Stärke«.

Isabel spanische Form von → Elisabeth. Berühmte
Namensträgerin: Isabel Allende (chilenische Schriftstellerin).

Isabella italienische Form von → Isabel. Berühmte
Namensträgerin: Isabella Rosselini (italienische Schauspielerin).

Isabelle französische Form von → Isabel. Berühmte
Namensträgerinnen: Isabelle Adjani (französische Schauspielerin), Isabelle Huppert (französische Schauspielerin).

Isadora Nebenform von → Isidora.

Isentraud, Isentrud Nebenformen von → Istraud.

Isberga, Isburga deutsch. Bedeutung: von althochdeutsch
isan »Eisen« und *burg* »Schutz, Zuflucht«.

Ishilde deutsch. Bedeutung: von althochdeutsch *isan*
»Eisen« und *hiltja* »Kampf«.

Isidora, Isadora griechisch. Bedeutung: Geschenk der Göttin
Isis.

Isolde Herkunft und Bedeutung unklar, vielleicht von althochdeutsch *isan* »Eisen« oder *is* »Eis« und *hiltja* »Kampf«. Berühmte Namensträgerin: Isolde Kurz (deutsche Schriftstellerin).

Istraud, Isentraud, Isentrud deutsch. Bedeutung: von althochdeutsch *isan* »Eisen« und *trud* »Kraft, Stärke«.

Itta, Itte Nebenformen von ➡ Ida.

J

Jakoba, Jakobine, Jakobina hebräisch. Bedeutung: sie möge schützen, aber auch: sie betrügt. Internationale Varianten: Jamie (englisch, auch männlicher Vorname).

Janna, Janne niederdeutsche Kurzformen zu ➡ Johanna.

Jerra nordfriesische Kurzform zu ➡ Gertrud.

Jetta, Jette Kurzformen zu ➡ Henrietta.

Johanna, Johanne hebräisch. Bedeutung: der Herr ist gnädig, gütig. Kurzformen: Hanna, Hanne, Hanni, Hansi (auch männlicher Vorname), Jenni, Jenny, Jo (auch männlicher Vorname). Internationale Varianten: Gianna, Giovanna (italienisch), Jana (slawisch), Ivanka, Iwanka, Janika, Janita (slawische Koseformen), Iwana (russisch), Jane, Jean, Joan (englisch), Janet, Janice (englische Koseformen), Janina (polnisch), Janine, Jeanne, Jeannine, Jeannette (französisch), Janka (bulgarisch, ungarisch), Joanna (polnisch), Jonna (dänisch), Jovanka (serbokroatisch, slowenisch), Juana (spanisch). Berühmte Namensträgerinnen: Johanna Schopenhauer (deutsche Schriftstellerin),

Johanna Spyri (schweizerische Schriftstellerin), Gianna Nanini (italienische Sängerin), Jane Austen (englische Schriftstellerin), Jeanette Biedermann (deutsche Pop-sängerin), Joan Collins (englische Schauspielerin).

Jenni, Jenny, Jo   Kurzformen zu ➙ Johanna.

Jola   Kurzform zu ➙ Jolanda.

Jolanda, Jolande, Jolantha, Jolanthe   griechisch. Bedeutung: Veilchenblüte. Kurzform: Jola. Internationale Varianten: Yolanda, Yolande (englisch, französisch).

Josefa, Josepha   hebräisch. Bedeutung: Gott möge vermehren, Gott fügt hinzu. Kurzformen: Seffa, Seffi. Internationale Varianten: Pepita (spanische Koseform).

Josefine, Josephine   erweiterte Formen von ➙ Josefa. Kurz-formen: Fina, Fine, Finetta, Finette, Josette, Josi. Inter-nationale Varianten: Giuseppa, Giuseppina (italienisch), Josiane, Josianne (französische Kurzformen), Josina (niederländisch). Berühmte Namensträgerinnen: Joséphine de Beauharnais (Gemahlin Napoleons), Josephine Baker (amerikanische Sängerin und Tänzerin).

Josette, Josi   Kurzformen zu ➙ Josefine.

Judica, Judika   lateinisch. Bedeutung: Richte!

Judith, Juditha   hebräisch. Bedeutung: die Gepriesene, Bekennerin, Jüdin. Internationale Varianten: Jitka (tschechische Kurzform), Judy (englisch).

Jula, Jule   Kurzformen zu ➙ Julia.

Julia   lateinisch. Bedeutung: geht zurück auf den alt-römischen Geschlechternamen der Julier. Kurzformen: Jula, Jule. Internationale Varianten: Giulia, Giulietta (italienisch), Julie (französisch), Juliette (französische Koseform), Juliet (englisch), Julka (ungarisch), Julika,

Julischka (ungarische Koseformen). Berühmte Namensträgerin: Julia Roberts (amerikanische Schauspielerin),
Julie Delpy (französische Schauspielerin), Juliette Binoche
(französische Schauspielerin).

Juliana, Juliane   erweiterte Formen von ➜ Julia. Kurzformen: Liana, Liane. Internationale Varianten: Giuliana
(italienisch), Julianka (polnisch), Julienne (französisch).

Justina, Justine   lateinisch. Bedeutung: die Gerechte.

Jutta, Juta   altnordisch. Bedeutung: von althochdeutsch
Jiute, Jut »aus dem Volk der Jüten«, wurde im Mittel-
alter zur Koseform von ➜ Judith. Berühmte Namensträgerinnen: Jutta Ditfurth (deutsche Politikerin), Jutta
Speidel (deutsche Schauspielerin).

K

Kajetane   lateinisch. Bedeutung: die aus der Stadt Gaëta
Stammende.

Kandida   Nebenform von ➜ Candida.

Karla, Carla   deutsch. Bedeutung: von althochdeutsch
kar(a)l »Mann, Ehemann«. Berühmte Namensträgerin:
Carla Bruni (italienisches Fotomodell und Sängerin).

Karlina, Karline   Nebenformen zu Karoline (➜ Karolin).

Karola   deutsche Schreibweise von ➜ Carola, latinisierte
Form von ➜ Karla.

Karolin, Karolina, Karoline   deutsche Weiterbildungen von
➜ Carola. Internationale Varianten: Kalla (schwedische
Kurzform).

Karsta, Carsta niederdeutsche Formen von ➤ Christa.

Kassandra, Cassandra griechisch. In der griechischen Mythologie war Kassandra die Tochter des trojanischen Königs Priamos und eine Prophetin, deren Warnungen nicht erhört wurden. Bedeutung unklar.

Katharina, Katharine, Katarina, Catarina, Katherina, Katerina griechisch. Bedeutung: die Reine. Kurzformen: Käthe, Kathi, Kati, Rina, Tinka, Trina, Trine. Internationale Varianten: Caitlin, Cathleen, Kathleen (irisch), Caterina (italienisch), Catherine, Katherine (englisch), Kate (englische Kurzform), Kitty (englische Koseform), Cathérine (französisch), Catriona (schottisch), Ekaterina, Jekaterina (russisch), Katja (russische Kurzform), Katinka, Katjuscha (russische Koseformen), Karin, Carin (nordische Kurzformen), Kata, Katalin, Katalina (ungarisch), Katarzyna (polnisch), Katka (slowenische und ungarische Koseform), Katrijn (niederländische Kurzform). Berühmte Namensträgerinnen: Katharina die Große (russische Zarin), Katarina Witt (deutsche Eiskunstläuferin), Käthe Kollwitz (deutsche Grafikerin und Malerin), Caterina Valente (italienische Schauspielerin und Sängerin), Cathérine Deneuve (französische Schauspielerin), Katja Riemann (deutsche Schauspielerin).

Käthe, Kathi, Kati, Kathrin, Katrin Kurzformen zu ➤ Katharina.

Klara, Clara, Kläre lateinisch. Bedeutung: die Helle, Leuchtende. Internationale Varianten: Chiara (italienisch), Claire (französisch), Clarita (spanische Kurzform).

Klarina, Clarina erweiterte Formen von ➤ Klara.

Klarissa, Klarisse, Clarissa, Clarisse erweiterte Formen von
→ Klara.

Klaudia Nebenform von → Claudia.

Klementia Nebenform von → Clementia.

Klementina, Klementine Nebenformen von → Clementina.

Klothilde, Klotilde, Clothilde deutsch. Bedeutung: von
althochdeutsch *hlut* »laut, berühmt« und *hiltja* »Kampf«.

Konny Kurzform zu → Konstanze.

Konstantine lateinisch. Bedeutung: die Standhafte,
Beständige.

Konstanze, Constanze lateinisch. Bedeutung: die Stand-
hafte, Beständige. Kurzformen: Connie, Conny, Konny,
Stanze. Berühmte Namensträgerin: Konstanze Mozart
(Gattin des Komponisten).

Kora Nebenform von → Cora.

Kordelia Nebenform von → Cordelia.

Kordula Nebenform von → Cordula.

Korinna, Korinne Nebenformen von → Corina.

Kornelia Nebenform von → Cornelia.

Korona Nebenform von → Corona.

Kosima Nebenform von → Cosima.

Kreszentia, Crescentia, Kreszenz lateinisch. Bedeutung: die
Wachsende. Kurzformen: Senat, Zenta, Zenz, Zenzi.

Kriemhild, Kriemhilde deutsch. Bedeutung: von althochdeutsch *grima* »Maske, Gespenst« und *hiltja* »Kampf«.

Krista Nebenform von → Christa.

Kunigunde deutsch. Bedeutung: von althochdeutsch *kunni*
»Sippe, Geschlecht« und *gund* »Kampf«.

L

Lamberta deutsch. Bedeutung: von althochdeutsch *lant* »Land« und *beraht* »glänzend«.

Lätizia, Letizia lateinisch. Bedeutung: Freude, Fröhlichkeit.

Laurentia, Laurenzia lateinisch. Bedeutung: geht zurück auf den römischen Beinamen Laurentia (die aus der Stadt Laurentum Stammende). Kurzform: Lenza. Internationale Varianten: Laura, Lorenza (italienisch), Laure (französisch), Lara (russische Kurzform), Lorena, Lorene (englisch), Loris (italienisch-schweizerisch), Lorraine (englisch, französisch).

Lea, Leah hebräisch. Bedeutung: die sich vergeblich abmüht. Berühmte Namensträgerin: Lea Grundig (deutsche Grafikerin).

Lena Kurzform zu ➝ Helena und ➝ Magdalena. Berühmte Namensträgerinnen: Lena Christ (deutsche Schriftstellerin), Lena Stolze (deutsche Schauspielerin).

Lene, Leni Kurzformen zu ➝ Helena, ➝ Magdalena.

Lenza Kurzform zu ➝ Laurentia.

Leoba Nebenform von ➝ Lioba.

Leona lateinisch. Bedeutung: Löwin. Kurzformen: Lona, Lone, Loni.

Leonharda lateinisch-deutsch. Bedeutung: von lateinisch *leo* »Löwe« und althochdeutsch *harti* »hart, stark«.

Leoni, Leonie lateinisch. Bedeutung: Löwin. Berühmte Namensträgerinnen: Leonie Ossowski (deutsche Schriftstellerin).

Leonilda lateinisch-deutsch. Bedeutung: von lateinisch *leo* »Löwe« und althochdeutsch *hiltja* »Kampf«.

Leonore   Kurzform zu ➡ Eleonora.

Leontina, Leontine   lateinisch. Bedeutung: die Löwenhafte.

Leopolda, Leopolde   deutsch. Bedeutung: von althochdeutsch *liut* »Volk« und *bald* »kühn«.

Letizia   Nebenform von ➡ Lätizia.

Lexa   Kurzform zu ➡ Alexandra.

Liana, Liane   Kurzformen zu ➡ Juliana

Liddi, Liddy   Kurzformen zu ➡ Lydia.

Lidwina   deutsch. Bedeutung: von althochdeutsch *liut* »Volk« und *wini* »Freund«.

Liebgard   deutsch. Bedeutung: von althochdeutsch *liob* »lieb« und *gard* »Hort, Schutz«.

Liebhild   deutsch. Bedeutung: von althochdeutsch *liob* »lieb« und *hiltja* »Kampf«.

Liebtraud, Liebtrud   deutsch. Bedeutung: von althochdeutsch *liob* »lieb« und *trud* »Kraft, Stärke«.

Lies, Liese, Liesel, Liesbeth   Kurzformen zu ➡ Elisabeth.

Lieselotte   Nebenform von ➡ Liselotte.

Lill, Lilli, Lilly   Koseformen zu ➡ Elisabeth. Berühmte Namensträgerin: Lilli Palmer (deutsche Schauspielerin).

Lilo   Kurzform zu ➡ Liselotte.

Lina, Line   Kurzformen zu Vornamen, die auf -line oder -lina enden.

Linda   Kurzform zu Vornamen, die auf -lind oder -linde enden. Berühmte Namensträgerin: Linda Evangelista (amerikanisches Fotomodell).

Linde   1. Kurzform zu Vornamen, die auf -lind oder -linde enden. 2. vom gleichnamigen Baum abgeleitet.

Lingard, Lindgard   deutsch. Bedeutung: von althochdeutsch *lind* »sanft, mild« und *gard* »Hort, Schutz«.

Lioba, Leoba latinisierte Form des angelsächsischen *Leobgid*. Bedeutung: von althochdeutsch *liob* »lieb« und altenglisch *gyth* »Kampf«.

Lis, Lisa, Lisabeth Kurzformen zu → Elisabeth.

Lisamaria Zusammensetzung aus → Lisa und → Maria.

Lisanne Zusammensetzung aus → Lisa und → Anne.

Lisbeth Kurzform zu → Elisabeth.

Lise, Lisel Kurzformen zu → Elisabeth. Berühmte Namensträgerin: Lise Meitner (österreichische Physikerin).

Liselotte, Lieselotte Zusammensetzungen aus → Lise und → Lotte. Kurzform: Lilo. Berühmte Namensträgerin: Liselotte Pulver (schweizerische Schauspielerin).

Loisa Kurzform zu → Aloisia.

Lona, Lone, Loni Kurzformen zu → Leona, → Appollonia. Berühmte Namensträgerin: Loni von Friedl (deutsche Schauspielerin).

Lora, Lore Kurzformen zu → Eleonore.

Loremarie Zusammensetzung aus → Lore und → Marie.

Lotte, Lotti Kurzformen zu → Charlotte.

Louise französisch. Bedeutung: von althochdeutsch *hlut* »laut, berühmt« und *wig* »Kampf«. Internationale Varianten: Luisa (italienisch, spanisch), Luisella, Luiselle (romanische Koseformen).

Lowisa niederdeutsche Form von → Louise.

Lucia, Lucie, Luzia, Luzie lateinisch. Bedeutung: die Lichte, Glänzende, auch: die bei Tagesanbruch Geborene. Internationale Varianten: Lucette (französische Koseform), Lucy (englisch).

Luciana, Luciane erweiterte Formen von → Lucia. Internationale Varianten: Lucienne (französisch).

Lucie   Nebenform von → Lucia.

Lucretia   Nebenform von → Lukrezia.

Ludwiga   deutsch. Bedeutung: von althochdeutsch *hlut* »Laut, berühmt« und *wig* »Kampf«. Internationale Variante: Ludowika (slawisch).

Luise   deutsche Form von → Louise. Berühmte Namensträgerinnen: Luise Hensel (deutsche Dichterin), Luise Rinser (deutsche Schriftstellerin).

Luitberga, Luitburga   deutsch. Bedeutung: von althochdeutsch *liut* »Volk« und *bergan* »bergen, schützen«.

Luitgard, Lutgard   deutsch. Bedeutung: von althochdeutsch *liut* »Volk« und *gard* »Hort, Schutz«.

Luithilde   deutsch. Bedeutung: von althochdeutsch *liut* »Volk« und *hiltja* »Kampf«.

Lukrezia, Lucretia   lateinisch. Bedeutung: geht zurück auf den altrömischen Geschlechternamen Lucretius. Berühmte Namensträgerin   Lucrezia Borgia (italienische Fürstin).

Lutgard   Nebenform von → Luitgard.

Luzia, Luzie   Nebenformen von → Lucia.

Lydia   griechisch. Bedeutung: die aus Lydien Stammende. Kurzformen: Liddi, Liddy. Internationale Varianten: Lidia (italienisch).

M

Maartje   niederländische Koseform zu → Martha, → Martina.

Madina, Magda, Madlen, Madlene   Kurzformen zu → Magdalena.

Magdalena, Magdalene hebräisch. Bedeutung: 1. die aus dem Ort Magdala Stammende. 2. die Erhöhte, Erhabene. Kurzformen: Lena, Lene, Leni, Madina, Madlen, Madlene, Magda. Internationale Varianten: Alena, Alene (slawische Kurzformen), Lenka (slowakische Koseform), Madalena, Maddalena (italienisch), Maddy, Mady (englische Kurzform), Madeleine, Madeline (französisch). Madelin, Malin (schwedisch), Mailin (irisch), Malen, Malena, Malene (baskisch und nordisch).

Mai ost- und nordfriesische Kurzform zu ➜ Maria.

Maike friesische Form von ➜ Maria.

Maja, Maya 1. Kurzformen zu ➜ Maria. 2. lateinisch. Name der römischen Wachstumsgöttin.

Malve, Malwe 1. Kurzformen zu ➜ Malvine. 2. nach der gleichnamigen Pflanze.

Malvine, Malwine Herkunft und Bedeutung unklar. Aus der Ossian-Dichtung des Schotten James Macpherson übernommen. Kurzformen: Malve, Malwe.

Maralda deutsch. Bedeutung: von althochdeutsch *marah* »Pferd« und *waltan* »walten, herrschen«.

Marei Koseform zu ➜ Maria.

Mareike niederdeutsche Koseform zu ➜ Maria.

Maren dänische und friesische Form von ➜ Marina.

Marga Kurzform zu ➜ Margarete.

Margarete, Margarethe, Margareta Kurzformen: Greta, Grete, Grethe, Gretchen, Gretel, Marga, Margit, Margita, Margret, Margrit, Meta, Rita. Internationale Varianten: Madge, Mag, Maggie, Maidie, Meg, Peggy (englische Kurzformen), Maret, Mareta, Marete (estnisch, lettisch), Margalita (russisch), Margaret (englisch, niederländisch),

Margarita (bulgarisch, russisch, spanisch), Margherita
(italienisch), Marguérite (französisch), Margot (französische
Kurzform), Margriet (niederländisch), Marketa
(tschechisch), Megan (walisisch). Berühmte Namensträgerinnen: Margarete II., Königin von Dänemark, Margarethe
von Trotta (deutsche Regisseurin), Margaret Thatcher
(englische Politikerin).

Marei, Mareile Kurzformen zu ➝ Maria.

Margit, Margita, Margret, Margrit Kurzformen zu
➝ Margarete.

Maria, Marie lateinische Form von hebräisch *Mirjam*.
Bedeutung unklar, eventuell »Geliebte des Amun« oder
»bitteres Wasser«. Kurzformen: Marei, Mareile, Maja,
Maya, Mia, Ria. Internationale Varianten: Maarike
(niederländische Koseform), Maika (russische Koseform),
Máire (irisch), Mairi (schottisch), Maj (schwedische
Kurzform), Manon (französische Koseform), Mara
(bulgarisch, serbisch, kroatisch), Marietta, Mariola,
Mariolina (italienische Koseformen), Mariette, Marion
(französische Koseformen), Marija (russisch), Marika,
Marischka (ungarisch), Maris, Marisa (italienisch),
Marita (spanische Koseform), Marja (slawisch),
Maruschka, Marusja, Mascha (russische Koseformen),
Mary (englisch), Maureen (englische Koseform), May
(englische Kurzform), Mirja (finnisch). Berühmte
Namensträgerinnen: Maria Stuart (schottische Königin),
Maria Montessori (italienische Pädagogin), Maria Callas
(griechische Sopranistin), Maria Schell (schweizerische
Schauspielerin).

Marianna Nebenform von ➝ Marianne.

Marianne, Marianna Zusammensetzungen aus ➡ Maria und ➡ Anne. Berühmte Namensträgerinnen: Marianne Sägebrecht (deutsche Schauspielerin), Marianne Rosenberg (deutsche Sängerin).

Marie Nebenform von ➡ Maria. Koseformen: Mariele, Mie, Mariella (italienisch), Marielle (französisch). Berühmte Namensträgerin: Marie Curie (französische Chemikerin und Physikerin).

Marieke niederdeutsche Koseform zu ➡ Marie.

Marielene Zusammensetzung aus ➡ Marie und ➡ Lene.

Marieluise, Marie-Luise Zusammensetzungen aus ➡ Marie und ➡ Luise. Berühmte Namensträgerin: Marie-Luise Marjan (deutsche Schauspielerin).

Marierose Zusammensetzung aus ➡ Marie und ➡ Rose.

Marietheres, Marie-Theres Zusammensetzungen aus ➡ Marie und ➡ Therese.

Marilen, Marilena Zusammensetzungen aus ➡ Maria und ➡ Magdalena.

Marilis, Marilisa Zusammensetzungen aus ➡ Maria und ➡ Lisa.

Marina, Marine 1. erweiterte Formen von ➡ Maria.
2. lateinisch. Bedeutung: die zum Meer Gehörende.

Marlene Zusammensetzung aus ➡ Maria und ➡ Lene. Berühmte Namensträgerin: Marlene Dietrich (deutsche Schauspielerin).

Marlies, Marliese Zusammensetzungen aus ➡ Maria und ➡ Liese.

Marlis, Marlise Zusammensetzungen aus ➡ Maria und ➡ Lise.

Marta, Marte Nebenformen von ➡ Martha.

Martha, Marta, Marthe, Marte   aramäisch. Bedeutung: Herrin. Internationale Varianten: Marfa (russisch).

Martina   lateinisch. Bedeutung: geht auf den römischen Beinamen Martinus (von Mars, dem römischen Kriegsgott) zurück. Internationale Varianten: Martine (französisch). Berühmte Namensträgerin: Martina Navratilova (amerikanische Tennisspielerin tschechischer Herkunft).

Martje   friesische Form von ➝ Martha.

Mathilda   Nebenform von ➝ Mathilde.

Mathilde, Matilde, Mathilda, Matilda, Mechthild, Mechthilde   deutsch. Bedeutung: von althochdeutsch *maht* »Macht, Kraft« und *hiltja* »Kampf«. Kurzformen: Thilde, Tilde, Tilla, Tilli, Tilly.

Maxi, Maxilie   Kurzformen zu ➝ Maximiliane.

Maximiliane   lateinisch. Bedeutung: geht auf die römischen Beinamen Maximus bzw. Maximianus (der Größte, Älteste, Erhabenste) zurück. Kurzformen: Maxi, Maxilie.

Maya   Nebenform von ➝ Maja.

Mechthild, Mechthilde   Nebenformen von ➝ Mathilde.

Meike   friesische Form von ➝ Maria.

Meinburg, Meinburga   deutsch. Bedeutung: von althochdeutsch *magan, megin* »Kraft, Macht« und *burg* »Schutz, Zuflucht«.

Meinhild, Meinhilde   deutsch. Bedeutung: von althochdeutsch *magan, megin* »Kraft, Macht« und *hiltja* »Kampf«.

Meinrade   deutsch. Bedeutung: von althochdeutsch *magan, megin* »Kraft, Macht« und *rat* »Ratgeber«.

Melisande   germanisch. Bedeutung: die Liebe, Milde oder die Starke, Ungestüme.

Melusine geht auf den Namen einer schönen Meerfee in einer altfranzösischen Sage zurück.

Mena, Menna ostfriesische Kurzformen zu Vornamen mit Mein-.

Meret schweizerische Kurzform zu ➡ Emerentia. Berühmte Namensträgerin: Meret Becker (deutsche Schauspielerin und Sängerin).

Merlind, Merlinde deutsch. Bedeutung: von althochdeutsch *mari* »berühmt« und *linta* »Lindenholzschild«.

Meta Kurzform zu ➡ Margarete.

Metta, Mette niederdeutsch-ostfriesische Kurzformen zu ➡ Mechthild.

Mia Kurzform zu ➡ Maria.

Michaela hebräisch. Bedeutung: Wer ist wie Gott? Internationale Varianten: Michela (italienisch), Micaela (italienisch, spanisch), Michalina (russisch), Michèle (französisch), Michelle (englisch, französisch).

Mieke niederdeutsche Koseform zu ➡ Marie.

Miltraud, Miltrud deutsch. Bedeutung: von altsächsisch *mildi* »freundlich, freigebig« und althochdeutsch *trud* »Kraft, Stärke«.

Mina, Mine Kurzformen zu ➡ Hermine, ➡ Wilhelmine.

Minna selbstständige Kurzform zu ➡ Wilhelmine. Internationale Varianten: Minka (polnisch), Minnie (englisch).

Mona 1. Kurzform zu ➡ Monika. 2. Kurzform zu Madonna. 3. irisch. Bedeutung: die Edle.

Moni Kurzform zu ➡ Monika.

Monica Nebenform von ➡ Monika.

Monika, Monica vermutlich phönizisch. Bedeutung unklar. Kurzformen: Mona, Moni. Internationale Varianten:

Monique (französisch). Berühmte Namensträgerinnen: Monika Peitsch (deutsche Schauspielerin), Monica Seles (amerikanische Tennisspielerin jugoslawischer Herkunft).

N

Neela, Neele, Nele   Kurzformen zu → Cornelia.

Nelli   Kurzform zu → Cornelia, → Eleonora, → Helena.

Nora   Kurzform zu → Eleonora. Internationale Varianten: Norina (italienisch), Norita (spanische Koseform).

Norberta   deutsch. Bedeutung: von althochdeutsch *nord* »Norden« und *beraht* »glänzend«.

Nordrun   deutsch. Bedeutung: von althochdeutsch *nord* »Norden« und *runa* »Geheimnis«.

Norgard   deutsch. Bedeutung: von althochdeutsch *nord* »Norden« und *gard* »Hort, Schutz«.

Norhild, Norhilde   deutsch. Bedeutung: von althochdeutsch *nord* »Norden« und *hiltja* »Kampf«.

Notburg, Notburga   deutsch. Bedeutung: von althochdeutsch *not* »Bedrängnis« und *burg* »Schutz, Zuflucht«.

O

Obba   friesische Kurzform zu Vornamen mit Od- oder Ot-.

Oda, Ota   selbstständige Kurzformen zu Vornamen mit Od- oder Ot-.

Odalinde deutsch. Bedeutung: von althochdeutsch *ot* »Besitz« und *linta* »Lindenholzschild«.

Odila Koseform zu → Oda.

Odilgard deutsch. Bedeutung: von althochdeutsch *ot* »Besitz« und *gard* »Hort, Schutz«.

Odilia, Odilie 1. erweiterte Formen von → Oda. 2. Nebenformen von → Ottilia. Internationale Varianten: Odile, Odette (französisch).

Odina, Odine Nebenformen von → Oda.

Olivia lateinisch. Bedeutung: von lateinisch *oliva* »Ölbaum, Olive«. Koseformen: Olla, Olli (auch männlicher Vorname). Internationale Varianten: Oliva (italienisch), Olive (englisch, französisch). Berühmte Namensträgerin: Olivia Newton-John (australische Schauspielerin und Sängerin).

Orsina, Orsine Nebenformen von → Ursula.

Orthea, Orthia Kurzformen zu → Dorothea.

Orthild, Orthilde deutsch. Bedeutung: von althochdeutsch *ort* »Spitze (der Waffe)« und *hiltja* »Kampf«.

Ortlind, Ortlinde deutsch. Bedeutung: von althochdeutsch *ort* »Spitze (der Waffe)« und *linta* »Lindenholzschild«.

Ortraud, Ortrud deutsch. Bedeutung: von althochdeutsch *ort* »Spitze (der Waffe)« und *trud* »Kraft, Stärke«.

Ortrun deutsch. Bedeutung: von althochdeutsch *ort* »Spitze (der Waffe)« und *runa* »Geheimnis«.

Osmunde deutsch. Bedeutung: von althochdeutsch *ans* »Gott« und *munt* »Schutz der Unmündigen«.

Ostara alter Taufzeitname für Mädchen, die in der Osterzeit geboren wurden.

Ota Nebenform von → Oda.

Otburg, Otburga   deutsch. Bedeutung: von althochdeutsch *ot* »Besitz« und *burg* »Schutz, Zuflucht«.

Othild, Othilde   deutsch. Bedeutung: von althochdeutsch *ot* »Besitz« und *hiltja* »Kampf«.

Otlinde, Ottlinde, Utlinde   deutsch. Bedeutung: von althochdeutsch *ot* »Besitz« und *linta* »Lindenholzschild«.

Otti   Kurzform zu ➝ Ottilia.

Ottilia, Ottilie, Odilia, Odilie   deutsch. Bedeutung: von althochdeutsch *ot* »Besitz«. Kurzformen: Otti, Tilla, Tilli, Tilly.

Ottlinde   Nebenform von ➝ Otlinde.

P

Pankratia, Pankrazia   lateinisch, griechischer Herkunft. Bedeutung: von griechisch *pan* »ganz« und *krátos* »Kraft, Macht«.

Patricia, Patrizia   lateinisch. Bedeutung: zum altrömischen Adel gehörend. Kurzform: Pat (nur in Verbindung mit einem eindeutig weiblichen Zweitnamen zulässig). Internationale Varianten: Patrice (englisch, französisch, auch männlicher Vorname). Patty, Patsy (englische Koseformen). Berühmte Namensträgerinnen: Gracia Patricia (Fürstin von Monaco), Patricia Highsmith (amerikanische Schriftstellerin).

Paula   lateinisch. Bedeutung: die Kleine. Internationale Varianten: Paola (italienisch), Paule, Paulette (französisch), Pavla, Pola (slawisch). Berühmte Namensträgerinnen:

Paula Modersohn-Becker (deutsche Malerin), Paula Wessely (österreichische Schauspielerin).

Paulina, Pauline erweiterte Formen von ➜ Paula.

Penelope griechisch. Bedeutung unklar. Bekannt durch die griechische Mythologie, in der Penelope die Gattin des Odysseus war. Kurzform: Penny (englisch). Berühmte Namensträgerin: Penélope Cruz (spanische Schauspielerin).

Perdita lateinisch. Bedeutung: die Verlorene.

Peregrina lateinisch. Bedeutung: die Fremde, die Reisende.

Petra griechisch-lateinisch. Bedeutung: Fels, Felssitz. Internationale Varianten: Perette, Pierrette, Pierrine (französische Koseformen), Piera, Pierina (italienisch). Berühmte Namensträgerinnen: Petra Kelly (deutsche Politikerin), Petra Gerster (deutsche TV-Moderatorin).

Petrina erweiterte Form von ➜ Petra.

Petronella, Petronilla erweiterte Formen von ➜ Petronia.

Petronia lateinisch. Bedeutung: geht zurück auf den altrömischen Geschlechternamen Petronius.

Phaedra, Phedre griechisch. Bedeutung: die Strahlende.

Philine griechisch. Bedeutung: von griechisch *philai* »lieben, liebkosen«.

Philippa griechisch. Bedeutung: Pferdefreundin. Internationale Varianten: Filippa (italienisch).

Philippine griechisch. Bedeutung: Pferdefreundin.

Philomela, Philomele griechisch. Bedeutung: Freundin des Gesangs.

Philomena, Philomene griechisch. Bedeutung: die der Liebe und Freundschaft treu bleibt. Internationale Varianten: Filomena (italienisch).

Phöbe griechisch. Bedeutung: die Strahlende. Beiname der griechischen Göttin des Mondes und der Jagd Artemis.

Phyllis griechisch. Bedeutung: Blätter, Laub.

Pia lateinisch. Bedeutung: die Fromme, Gottesfürchtige.

Piata erweiterte Form von → Pia.

Placida lateinisch. Bedeutung: die Sanfte, Ruhige.

Polyxenia griechisch. Bedeutung: die Gastfreie, Gastliche.

Pretiosa, Preziosa lateinisch. Bedeutung: die Kostbare.

Prisca, Priska lateinisch. Bedeutung: die Ernsthafte, Strenge.

Prudentia lateinisch. Bedeutung: Klugheit, Vorsicht.

Prunella lateinisch. Bedeutung: kleine Pflaume.

Pulcheria lateinisch. Bedeutung: die Schöne.

Q

Quirina lateinisch. Bedeutung: die Kriegsmächtige, Kriegerische.

R

Rachel Nebenform von → Rahel.

Rada Kurzform zu Vornamen mit Rade- und -rade.

Radegund, Radegunde deutsch. Bedeutung: von althochdeutsch *rat* »Ratgeber« und *gund* »Kampf«.

Rafaela, Raffaela Nebenform von → Raphaela.

Rahel, Rachel hebräisch. Bedeutung: Mutterschaf. Internationale Varianten: Rachele, Rachelle (italienisch). Berühmte Namensträgerin: Rahel Varnhagen von Ense (deutsche Schriftstellerin).

Raimunde, Reimunde deutsch. Bedeutung: von germanisch *ragina* »Rat, Beschluss« und *munt* »Schutz der Unmündigen«.

Raphaela, Rafaela, Raffaela hebräisch. Bedeutung: Gott heilt.

Ratburg, Ratburga deutsch. Bedeutung: von althochdeutsch *rat* »Ratgeber« und *burg* »Schutz, Zuflucht«.

Ratgard deutsch. Bedeutung: von althochdeutsch *rat* »Ratgeber« und *gard* »Hort, Schutz«.

Rathild, Rathilde deutsch. Bedeutung: von althochdeutsch *rat* »Ratgeber« und *hiltja* »Kampf«.

Raunhild Nebenform von ➔ Runhild.

Rea Nebenform von ➔ Rhea.

Rebekka hebräisch. Bedeutung: die Bestrickende, Fesselnde. Kurzformen: Becki, Becky. Internationale Varianten: Rebecca (englisch).

Reela friesische Kurzform zu ➔ Regelinde.

Regelinde, Reglinde deutsch. Bedeutung: von germanisch *ragina* »Rat, Beschluss« und *lindi* »nachgiebig, empfänglich«.

Regina, Regine, Reina, Reine lateinisch. Bedeutung: Königin. Kurzform: Gina. Berühmte Namensträgerin: Regine Hildebrandt (deutsche Politikerin).

Reglinde Nebenform von ➔ Regelinde.

Regula lateinisch. Bedeutung: Regel, Richtschnur.

Reimara deutsch. Bedeutung: von germanisch *ragina* »Rat, Beschluss« und *mari* »berühmt«.

Reimunde   Nebenform von ➞ Raimunde.

Reimute   deutsch. Bedeutung: von germanisch *ragina* »Rat, Beschluss« und *muot* »Mut, Eifer, Geist«.

Reina, Reine   1. Nebenformen von ➞ Regina. 2. ostfriesische Kurzformen zu Vornamen mit Rein-.

Reinburg, Reinburga   deutsch. Bedeutung: von germanisch *ragina* »Rat, Beschluss« und *burg* »Schutz, Zuflucht«.

Reinfriede   deutsch. Bedeutung: von germanisch *ragina* »Rat, Beschluss« und *fridu* »Friede«.

Reingard   deutsch. Bedeutung: von germanisch *ragina* »Rat, Beschluss« und *gard* »Hort, Schutz«.

Reinharda, Reinharde, Reinhardine   deutsch. Bedeutung: von germanisch *ragina* »Rat, Beschluss« und *hart* »hart, stark«.

Reinhild, Reinhilde   deutsch. Bedeutung: von germanisch *ragina* »Rat, Beschluss« und *hiltja* »Kampf«.

Reinolde   deutsch. Bedeutung: von germanisch *ragina* »Rat, Beschluss« und *waltan* »walten, herrschen«.

Reintje   friesische Kurzform zu Vornamen mit Rein-.

Reintraud, Reintrud   deutsch. Bedeutung: von germanisch *ragina* »Rat, Beschluss« und *trud* »Kraft, Stärke«.

Rela, Rele   friesische Kurzformen zu ➞ Regelinde.

Rena   1. friesische Kurzform zu Vornamen mit Rein-. 2. Kurzform zu ➞ Irene, ➞ Renate, ➞ Verena.

Renate   lateinisch. Bedeutung: die Wiedergeborene. Kurzformen: Rena, Reni. Internationale Varianten: Renata (italienisch), Renée, Renette (französisch). Berühmte Namensträgerinnen: Renate Holm (deutsche Schauspielerin), Renate Künast (deutsche Politikerin), Renée Zellweger (amerikanische Schauspielerin).

Reni   Kurzform zu ➞ Irene, ➞ Renate.

Rensje, Renske friesische Kurzformen zu Vornamen mit Rein-.

Rexi Kurzform zu ➤ Therese.

Rhea, Rea griechisch. Bedeutung: In der griechischen Mythologie war Rhea die Gemahlin des Chronos und die Mutter des Zeus.

Ria Kurzform zu ➤ Maria.

Richarda deutsch. Bedeutung: von althochdeutsch *rihhi* »reich, mächtig« und *harti* »hart, stark«. Internationale Varianten: Rica, Ricarda (spanisch), Ricca, Riccarda (italienisch).

Richhild, Richhilde deutsch. Bedeutung: von althochdeutsch *rihhi* »reich, mächtig« und *hiltja* »Kampf«.

Richlind, Richlinde deutsch. Bedeutung: von althochdeutsch *rihhi* »reich, mächtig« und *linta* »Lindenholzschild«.

Ricka, Ricke friesische Kurzformen zu Vornamen mit Rich-.

Rieka, Rieke, Riekje niederdeutsch-niederländische Kurzformen zu ➤ Friederike, ➤ Henrika.

Rina Kurzform zu ➤ Katharina und anderen Vornamen, die auf -ina enden.

Rita Kurzform zu ➤ Margarete.

Roberta deutsch. Bedeutung: von germanisch *hroth* »Ruhm« und althochdeutsch *beraht* »glänzend«.

Rodegard deutsch. Bedeutung: von germanisch *hroth* »Ruhm« und althochdeutsch *gard* »Hort, Schutz«.

Rodehild, Rodehilde, Ruthild, Ruthilde deutsch. Bedeutung: von germanisch *hroth* »Ruhm« und althochdeutsch *hiltja* »Kampf«.

Rodelind, Rodelinde, Rosalind, Rosalinde deutsch. Bedeutung: von germanisch *hroth* »Ruhm« und althochdeutsch *linta* »Lindenholzschild«.

Rolanda, Rolande   deutsch. Bedeutung: von germanisch *hroth* »Ruhm« und althochdeutsch *lant* »Land«.

Romana   lateinisch. Bedeutung: die Römerin. Kurzformen: Roma, Romina. Internationale Varianten: Romaine (französisch), Romika (ungarisch).

Romilda, Romilde   deutsch. Bedeutung: von althochdeutsch *hruom* »Ruhm, Ehre« und *hiltja* »Kampf«.

Romy   Kurzform zu ➡ Rosemarie. Berühmte Namensträgerin: Romy Schneider (österreichische Schauspielerin).

Ros   Kurzform zu ➡ Rosa.

Rosa, Rose, Rosina, Rosine   italienisch. Bedeutung: Rose. Kurzformen: Ros, Rosel, Rosi. Internationale Varianten: Rois, Roise (irisch), Rosalita, Rosita (spanisch), Rosetta (italienisch), Rosette (italienisch), Rosika (ungarisch). Berühmte Namensträgerin: Rosa Luxemburg (deutsche Sozialistin).

Rosalia, Rosalie   italienische erweiterte Formen von ➡ Rosa.

Rosalind, Rosalinde   Nebenformen von ➡ Rodelind.

Rosamaria   Zusammensetzung aus ➡ Rosa und ➡ Maria.

Rosamunde   deutsch. Bedeutung: von althochdeutsch *hruom* »Ruhm, Ehre« und *munt* »Schutz der Unmündigen«.

Rose   Nebenform von ➡ Rosa.

Rosel   Kurzform zu ➡ Rosa.

Rosemarie, Rosmarie   Zusammensetzungen aus ➡ Rose und ➡ Marie. Kurzformen: Romy, Rosi.

Rosi   Kurzform zu ➡ Rosemarie.

Rosina, Rosine   Nebenformen von ➡ Rosa.

Rosmargret   Zusammensetzung aus ➡ Rosa und ➡ Margarete.

Rosmarie   Nebenform von ➡ Rosemarie.

Roswitha, Roswita   deutsch. Bedeutung: von germanisch *hroth* »Ruhm« und althochdeutsch *swinde* »stark, geschwind«.

Rotraud, Rotraut   deutsch. Bedeutung: von althochdeutsch *hruom* »Ruhm, Ehre« und *trud* »Kraft, Stärke«.

Rudolfa   deutsch. Bedeutung: von althochdeutsch *hruom* »Ruhm, Ehre« und *wolf* »Wolf«.

Rufina   lateinisch. Bedeutung: die Rote, Rothaarige.

Runa   Kurzform zu Vornamen mit Run-.

Runhild, Runhilde, Raunhild   deutsch. Bedeutung: von althochdeutsch *runa* »Geheimnis« und *hiltja* »Kampf«.

Ruperta   deutsch. Bedeutung: von althochdeutsch *hruom* »Ruhm, Ehre« und *beraht* »glänzend«.

Rutgard   deutsch. Bedeutung: von althochdeutsch *hruom* »Ruhm, Ehre« und *gard* »Hort, Schutz«.

Ruth, Rut   hebräisch. Bedeutung: Freundin, Freundschaft. Berühmte Namensträgerin: Ruth Leuwerik (deutsche Schauspielerin), Ruth Moschner (deutsche TV-Moderatorin).

Ruthild, Ruthilde   Nebenformen zu ➜ Rodehild.

Rut   Nebenform von ➜ Ruth.

S

Sabina   Nebenform von ➜ Sabine.

Sabine, Sabina   lateinisch. Bedeutung: die Sabinerin. Kurzformen: Bina, Bine. Berühmte Namensträgerinnen: Sabine Sinjen (deutsche Schauspielerin), Sabine Christiansen (deutsche TV-Moderatorin).

Salome   griechisch. Bedeutung: die Friedliche, Friedsame.

Sandra   Kurzform zu → Alexandra. Berühmte Namensträgerin: Sandra Bullock (amerikanische Schauspielerin).

Sanna, Sanne   Kurzformen zu → Susanne.

Sara, Sarah   hebräisch. Bedeutung: Fürstin, Herrin. Kurzformen: Sadie, Sally (englisch). Berühmte Namensträgerinnen: Sarah Bernhardt (französische Schauspielerin), Sarah Kirsch (deutsche Lyrikerin), Sarah Connor (deutsche Sängerin).

Scholastika   griechisch-lateinisch. Bedeutung: die Lernende, Schülerin.

Schöntraut   Neubildung aus »schön« und althochdeutsch *trud* »Kraft, Stärke«.

Schwanhild   Nebenform von → Swanhild.

Sebalde   deutsch. Bedeutung: von althochdeutsch *sigu* »Sieg« und *bald* »kühn«.

Sebastiane   griechisch. Bedeutung: die Verehrungswürdige, Erhabene.

Seffa, Seffi   Kurzformen zu → Josefa.

Selene, Seline   griechisch. Bedeutung: Name der griechischen Mondgöttin.

Selma   1. Kurzform zu → Anselma. 2. Herkunft und Bedeutung unklar. Aus der Ossian-Dichtung des Schotten James Macpherson übernommen. Berühmte Namensträgerin: Selma Lagerlöf (schwedische Schriftstellerin).

Senta   Kurzform zu → Kreszenzia oder → Vinzenta. Berühmte Namensträgerin: Senta Berger (österreichische Schauspielerin).

Serena   lateinisch. Bedeutung: die Heitere, Glückliche.

Severa   lateinisch. Bedeutung: die Strenge, Ernsthafte.

Severina   erweiterte Form von ➙ Severa.

Sibilla, Sibille   Nebenformen von ➙ Sibylle.

Sibylle, Sibylla, Sibilla, Sibille, Sybille, Sybilla   griechisch. Bedeutung: Gottesraterin. Kurzformen: Billa, Bille.

Sida   Kurzform zu ➙ Sidonia.

Sidonia, Sidonie   lateinisch. Bedeutung: die Sidonierin. Kurzform: Sida.

Siegburg, Siegburga   deutsch. Bedeutung: von althochdeutsch *sigu* »Sieg« und *burg* »Burg, Zuflucht«.

Sieghild, Sieghilde   deutsch. Bedeutung: von althochdeutsch *sigu* »Sieg« und *hiltja* »Kampf«.

Sieglind, Sieglinde, Siglinde   deutsch. Bedeutung: von althochdeutsch *sigu* »Sieg« und *linta* »Lindenholzschild«.

Siegmunda, Siegmunde   deutsch. Bedeutung: von althochdeutsch *sigu* »Sieg« und *munt* »Schutz der Unmündigen«.

Siegrid   Nebenform von ➙ Sigrid.

Siegrun   Nebenform von ➙ Sigrun.

Siegtraud, Siegtrud   deutsch. Bedeutung: von althochdeutsch *sigu* »Sieg« und *trud* »Kraft, Stärke«.

Sieke   friesische Kurzform zu Vornamen mit Sieg-.

Sigi   Kurzform zu Vornamen mit Sieg-. Nur in Verbindung mit einem eindeutig weiblichen Zweitnamen zulässig.

Siglinde   Nebenform von ➙ Sieglind.

Sigrid, Siegrid   nordisch. Bedeutung: von altisländisch *sigr* »Sieg« und *fridhr* »schön«. Berühmte Namensträgerin: Sigrid Undset (norwegische Schriftstellerin).

Sigrun, Siegrun   deutsch. Bedeutung: von althochdeutsch *sigu* »Sieg« und *runa* »Geheimnis«.

Silje   friesische Kurzform zu ➙ Cäcilie.

Silka, Silke, Sylke niederdeutsch-friesische Kurzformen zu
➜ Cäcilie.

Silvana, Sylvana lateinisch. Bedeutung: geht zurück auf den
altrömischen Waldgott Silvanus. Internationale Varianten:
Sylvaine (französisch).

Silvia, Sylvia lateinisch. Bedeutung: von lateinisch *silva*
»Wald«. Internationale Varianten: Silva (schwedisch,
tschechisch), Silvetta, Sylvetta (italienische Koseformen),
Silvette, Sylvette (französische Koseform), Silvie, Sylvie
(französisch), Sylvi (finnisch, schwedisch). Berühmte
Namensträgerinnen: Sylvia Plath (amerikanische Schriftstellerin), Silvia, Königin von Schweden.

Silvina, Sylvina erweiterte Formen von ➜ Silvia.

Simona, Simone hebräisch. Bedeutung: erhört, Erhörung.
Internationale Varianten: Simonetta (italienische
Koseform), Simonette (französische Koseform). Berühmte
Namensträgerinnen: Simone de Beauvoir (französische
Schriftstellerin), Simone Signoret (französische Schau-
spielerin). Simone ist in der Schweiz nur in Verbindung
mit einem eindeutig weiblichen Zweitnamen zulässig.

Sixta lateinisch. Bedeutung: die Feine, Glatte.

Sixtina erweiterte Form von ➜ Sixta.

Sofia, Sofie Nebenformen von ➜ Sophia.

Sonnhild Neubildung aus »Sonne« und althochdeutsch
hiltja »Kampf«.

Sophia, Sophie, Sofia, Sofie griechisch. Bedeutung:
Weisheit. Berühmte Namensträgerinnen: Sophie Scholl
(deutsche Widerstandskämpferin), Sophia Loren
(italienische Schauspielerin), Sofia, Königin von Spanien.

Stanze Kurzform zu ➜ Konstanze.

Stefana, Stefania, Stefanie   Nebenformen von ➜ Stephanie.

Steffi   Kurzform zu ➜ Stephanie.

Stella   lateinisch. Bedeutung: Stern. Berühmte Namensträgerin: Stella McCartney (englische Modeschöpferin).

Stephana   Nebenform von ➜ Stephanie.

Stephanie, Stefanie, Stephana, Stefana, Stefania   griechisch. Bedeutung: Kranz, Krone. Kurzformen: Steffi, Fanni, Fanny. Berühmte Namensträgerin: Stéphanie, Prinzessin von Monaco.

Stina, Stine   friesische Kurzformen zu ➜ Augustine, ➜ Christine, ➜ Ernestine.

Su   Kurzform zu ➜ Susanne.

Suna   Kurzform zu Vornamen mit Sun-.

Sunhild, Sunhilde   Nebenformen von ➜ Swanhild.

Susann   Kurzform zu ➜ Susanne.

Susanne   hebräisch. Bedeutung: (rote) Lilie. Kurzformen: Sanna, Sanne, Su, Susann, Suse, Susi, Susy, Suzy. Internationale Varianten: Susanna (italienisch), Susa, Susetta (italienische Kurzformen), Susan (englisch), Susanka (slawisch), Susen (schwedisch), Suzanne (französisch), Susette, Suzette (französische Koseformen). Berühmte Namensträgerinnen: Susanne Uhlen (deutsche Schauspielerin), Susan Sarandon (amerikanische Schauspielerin).

Suse, Susi, Susy, Suzy   Kurzformen zu ➜ Susanne.

Svane   Kurzform zu Vornamen mit Svan-.

Swaantje   friesische Koseform zu ➜ Swanhild.

Swana   Kurzform zu ➜ Swanhild.

Swanburg   deutsch. Bedeutung: von althochdeutsch *svan* »Schwan« und *burg* »Schutz, Zuflucht«.

Swanhild, Swanhilde, Schwanhild, Sunhild, Sunhilde
deutsch. Bedeutung: von althochdeutsch *svan* »Schwan«
und *hiltja* »Kampf«. Kurzform: Swana.

Swantje　friesische Koseform zu ➞ Swanhild.

Swidgard　deutsch. Bedeutung: von althochdeutsch *swinde*
»stark, geschwind« und *gard* »Hort, Schutz«.

Swinda, Swinde　selbstständige Kurzform zu Vornamen mit
Swind- oder -swind.

Sybille, Sybille　Nebenformen von ➞ Sibylle.

Sylke　niederdeutsch-friesische Kurzform zu ➞ Cäcilie.

Sylvana　Nebenform von ➞ Silvana.

Sylvia　Nebenform von ➞ Silvia.

Sylviane, Sylvianne　erweiterte Formen von Sylvia
(➞ Silvia).

Sylvina　erweiterte Form von Sylvia (➞ Silvia).

T

Tale, Talea, Taletta　friesische Kurzformen zu ➞ Adelheid.

Talida, Talika　friesische Kurzformen zu ➞ Adelheid.

Tela, Tele　friesische Kurzformen zu ➞ Adelheid.

Telsa, Telse　niederdeutsch-friesische Kurzformen zu
➞ Elisabeth.

Teska　niederländische Kurzform zu Vornamen mit Diet-.

Teudelinde　Nebenform von ➞ Theodelinde.

Thea　Kurzform zu ➞ Dorothea, ➞ Theodora. Berühmte
Namensträgerinnen: Thea von Harbou (deutsche Schriftstellerin).

Theda   friesische Kurzform zu Vornamen mit Theo-.

Thekla   griechisch. Bedeutung: von griechisch *theós* »Gott«
und *kléos* »Ruhm, guter Ruf«. Berühmte Namensträgerin:
Thekla Carola Wied (deutsche Schauspielerin).

Theoda   Kurzform zu Vornamen mit Theo-.

Theodelinde, Theodolinde, Teudelinde   latinisierte Formen
von ➙ Dietlinde.

Theodora, Theodore   griechisch. Bedeutung: Gottesgeschenk.
Kurzformen: Dora, Dore, Thea. Internationale Varianten:
Feodora (russisch), Teodora (italienisch).

Theodore   Nebenform von ➙ Theodora. Nur in Verbindung
mit einem eindeutig weiblichen Zweitnamen zulässig.

Theodosia   griechisch. Bedeutung: Gottesgeschenk.

Theophania   griechisch. Bedeutung: von griechisch *theós*
»Gott« und *phainein* »erscheinen«. Internationale
Varianten: Tiffany (englisch).

Theophora   griechisch. Bedeutung: Gottesträgerin.

Theres   Nebenform von ➙ Therese.

Theresa   Nebenform von ➙ Therese.

Therese, Theresa, Theres, Theresia   griechisch. Bedeutung:
Bewohnerin der Insel Thera. Kurzform: Resi. Internatio-
nale Varianten: Teresa (italienisch, spanisch, englisch),
Térèse (französisch), Terka (ungarische Kurzform), Tess,
Tessa, Tessy (englische Kurzformen). Berühmte Namens-
trägerinnen: Therese Giese (deutsche Schauspielerin),
Mutter Teresa (indische katholische Ordensgründerin
albanischer Herkunft).

Theresia   Nebenform von ➙ Therese. Berühmte Namensträgerinnen: Maria Theresia (österreichische Kaiserin).

Theresina   erweiterte Form von ➙ Theresa.

Thilde, Tilde   Kurzformen zu ➔ Mathilde.

Thona   Kurzform zu ➔ Antonia.

Thusnelda, Thusnelde   deutsch. Bedeutung: von althochdeutsch *thurs* »Riese« und *hiltja* »Kampf«.

Tiada   friesische Kurzform zu Vornamen mit Diet-.

Tida   friesische Kurzform zu ➔ Adelheid.

Tilla, Tilli, Tilly   Kurzformen zu ➔ Ottilie, ➔ Mathilde.

Tilse   niederdeutsch-friesische Kurzform zu ➔ Elisabeth.

Tina   Kurzform zu Vornamen, die auf -tina enden.

Tinka   Kurzform zu ➔ Katharina.

Tjada   friesische Kurzform zu Vornamen mit Diet-.

Tona, Toni, Tonia   Kurzformen zu ➔ Antonia.

Traude, Traudel   Kurzformen zu ➔ Gertraud.

Traudhild, Traudhilde, Trudhild, Trudhilde   deutsch. Bedeutung: von althochdeutsch *trud* »Kraft, Stärke« und *hiltja* »Kampf«.

Traudlinde, Trudlinde   deutsch. Bedeutung: von althochdeutsch *trud* »Kraft, Stärke« und *linta* »Lindenholzschild«.

Trina, Trine   Kurzformen zu ➔ Katharina.

Trixi   Kurzform zu ➔ Beatrix.

Trude   Kurzform zu ➔ Gertrud.

Trudeliese   Zusammensetzung aus ➔ Trude und ➔ Liese.

Trudi   Kurzform zu ➔ Gertrud.

Trudgard   deutsch. Bedeutung: von althochdeutsch *trud* »Kraft, Stärke« und *gard* »Hort, Schutz«.

Trudhild, Trudhilde   Nebenformen von ➔ Traudhild.

Trudlinde   Nebenform von ➔ Traudlinde.

U

Ubba friesisch. Bedeutung: von althochdeutsch *hugu* »Sinn, Geist, Verstand« und *bald* »kühn«.

Uda, Ude Nebenformen von ➙ Oda.

Udele alte Nebenform von ➙ Adele.

Ula Nebenform von ➙ Ulla.

Ulfhild nordische Form von ➙ Wolfhild.

Ulla, Ula Kurzformen zu ➙ Ursula, ➙ Ulrike. Berühmte Namensträgerinnen: Ulla Jacobsson (schwedische Schauspielerin), Ulla Schmidt (deutsche Politikerin).

Ulrike deutsch. Bedeutung: von althochdeutsch *uodal* »Erbgut, Heimat« und *rihhi* »reich, mächtig«. Kurzformen: Ulla, Ula. Internationale Varianten: Ulrika (dänisch, schwedisch). Berühmte Namensträgerin: Ulrike Meyfarth (deutsche Hochspringerin).

Umma ostfriesische Kurzform zu Vornamen mit Od-, Ot-.

Undine lateinisch. Bedeutung: von lateinisch *unda* »Welle«. Bezeichnet eigentlich eine im Wasser hausende Nixe.

Urania griechisch. Bedeutung: Himmel.

Ursa lateinisch. Bedeutung: Bärin.

Ursel Kurzform zu ➙ Ursula.

Ursina, Ursine Nebenformen von ➙ Ursula.

Ursula, Ursulane, Ursuline, Orsina, Orsine lateinisch. Bedeutung: Bärin. Kurzformen: Ulla, Ula, Ursel, Uschi. Internationale Varianten: Urschla (rätoromanisch). Berühmte Namensträgerinnen: Ursula Andress (schweizerische Schauspielerin), Ursula Karven (deutsche Schauspielerin), Uschi Glas (deutsche Schauspielerin).

Uschi Kurzform zu ➙ Ursula.

Uta, Ute, Utta Nebenformen von ➙ Oda. Berühmte Namensträgerin: Ute Lemper (deutsche Sängerin und Tänzerin).

Utlinde Nebenform von ➙ Otlinde.

Utta Nebenform von ➙ Uta. Berühmte Namensträgerin:
Utta Danella (deutsche Schriftstellerin).

V

Valentina, Valentine lateinisch. Bedeutung: die Gesunde,
Starke.

Valeria, Valerie lateinisch. Bedeutung: geht auf den altrömischen Geschlechternamen der Valerier zurück. Internationale Varianten: Valeska (polnisch).

Valeriane erweiterte Form von ➙ Valeria.

Valerie Nebenform von ➙ Valeria.

Verena Herkunft und Bedeutung unklar, eventuell
Nebenform zu ➙ Veronika. Kurzformen: Rena, Vreni
(oberdeutsch, schweizerisch). Internationale Varianten:
Vérène (französisch).

Veronika griechisch. Bedeutung: die Siegbringende.
Kurzform: Vroni (oberdeutsch, schweizerisch). Internationale
Varianten: Véronique (französisch). Berühmte Namens-
trägerin: Veronika Ferres (deutsche Schauspielerin).

Veva, Vevi Kurzformen zu ➙ Genoveva.

Vicki, Vicky Kurzformen zu ➙ Victoria.

Victoria, Viktoria lateinisch. Bedeutung: Siegerin. Kurzformen: Vicki, Vicky, Vita. Berühmte Namensträgerinnen:

Viktoria, Kronprinzessin von Schweden, Victoria Beckham (englische Popsängerin).

Viktorina, Viktorine   erweiterte Formen von Viktoria (➙ Victoria).

Vinzenta, Vinzentia   lateinisch. Bedeutung: Weiterbildung von lateinisch *vincere* »siegen«. Kurzformen: Senta, Zenta, Zenz, Zenzi.

Vinzentina   erweiterte Form von ➙ Vinzenta.

Viola   lateinisch. Bedeutung: Veilchen. Internationale Varianten: Violet (englisch), Violetta (italienische Koseform), Violette (französische Koseform).

Vita   Kurzform zu ➙ Victoria.

Viviana, Viviane   lateinisch. Bedeutung: die Muntere. Internationale Varianten: Vivien (englisch, auch männlicher Vorname), Vivienne.

Volkberta, Fulberta   deutsch. Bedeutung: von althochdeutsch *folc* »Kriegsschar, Volk« und *beraht* »glänzend«.

Volkhild, Volkhilde   deutsch. Bedeutung: von althochdeutsch *folc* »Kriegsschar, Volk« und *hiltja* »Kampf«.

Volla, Volle   friesische Kurzformen zu Vornamen mit Volk-.

Volma   deutsch. Bedeutung: von althochdeutsch *folc* »Kriegsschar, Volk« und *mari* »berühmt«.

W

Walberta deutsch. Bedeutung: von althochdeutsch *waltan* »walten, herrschen« und *beraht* »glänzend«.

Walburg, Walburga deutsch. Bedeutung: von althochdeutsch *waltan* »walten, herrschen« und *burg* »Schutz, Zuflucht«. Kurzformen: Walli, Wally.

Walda Kurzform zu Vornamen mit Wald-.

Waldegund, Waldegunde deutsch. Bedeutung: von althochdeutsch *waltan* »walten, herrschen« und *gund* »Kampf«.

Walfriede deutsch. Bedeutung: von althochdeutsch *waltan* »walten, herrschen« und *fridu* »Friede«.

Walli, Wally Kurzformen zu → Walburg.

Walpurga, Walpurgis alte Nebenformen von → Walburga.

Waltheide deutsch. Bedeutung: von althochdeutsch *waltan* »walten, herrschen« und *heit* »Art und Weise«.

Walthild, Walthilde deutsch. Bedeutung: von althochdeutsch *waltan* »walten, herrschen« und *hiltja* »Kampf«.

Waltraud, Waltraut, Waltrud, Waltrude, Waltrudis deutsch. Bedeutung: von althochdeutsch *waltan* »walten, herrschen« und *trud* »Kraft, Stärke«. Berühmte Namensträgerinnen: Waltraud Meier (deutsche Opernsängerin).

Waltrun deutsch. Bedeutung: von althochdeutsch *waltan* »walten, herrschen« und *runa* »Geheimnis«.

Weike friesische Kurzform zu Vornamen mit Wig- oder -wig. Nur in Verbindung mit einem eindeutig weiblichen Zweitnamen zulässig.

Welda Kurzform zu Vornamen mit Wald-.

Wendela Kurzform zu Vornamen mit Wendel-.

Wendelburg deutsch. Bedeutung: vom Stammesnamen der Wandalen und althochdeutsch *burg* »Schutz, Zuflucht«.

Wendelgard deutsch. Bedeutung: vom Stammesnamen der Wandalen und althochdeutsch *gard* »Hort, Schutz«.

Wendeline Kurzform zu Vornamen mit Wendel-.

Wendi Kurzform zu Vornamen mit Wendel-.

Wendula Kurzform zu Vornamen mit Wendel-.

Wenke niederdeutsche Koseform zu Vornamen mit Win- oder -win.

Werna Kurzform zu Vornamen mit Wern-.

Wernburg deutsch. Bedeutung: von althochdeutsch *warjan*, *werjan* »sich wehren« und *burg* »Schutz, Zuflucht«.

Werngard deutsch. Bedeutung: von althochdeutsch *warjan*, *werjan* »sich wehren« und *gard* »Hort, Schutz«.

Wernhild, Wernhilde deutsch. Bedeutung: von althochdeutsch *warjan*, *werjan* »sich wehren« und *hiltja* »Kampf«.

Wibke, Wiebke friesische, niederländische und niederdeutsche Kurzformen zu Vornamen mit Wig-.

Wieka, Wieke Kurzformen zu Ludowika (➜ Ludwiga).

Wigberta deutsch. Bedeutung: von althochdeutsch *wig* »Kampf« und *beraht* »glänzend«.

Wigburg, Wigburga deutsch. Bedeutung: von althochdeutsch *wig* »Kampf« und *burg* »Schutz, Zuflucht«.

Wilfriede deutsch. Bedeutung: von althochdeutsch *willo* »Wille« und *fridu* »Friede«.

Wilgard deutsch. Bedeutung: von althochdeutsch *willo* »Wille« und *gard* »Hort, Schutz«.

Wilgund, Wilgunde deutsch. Bedeutung: von althochdeutsch *willo* »Wille« und *gund* »Kampf«.

Wilhelma Nebenform von ➜ Wilhelmina.

Wilhelmina, Wilhelmine, Wilhelma   deutsch. Bedeutung: von althochdeutsch *willo* »Wille« und *helm* »Helm, Schutz«. Kurzformen: Helmina, Helmine, Mina, Mine, Wilma. Internationale Varianten: Guglielmina (italienisch).

Wilja, Willa   Kurzformen zu Vornamen mit Will-.

Wilma   Kurzform zu ➥ Wilhelmina. Internationale Varianten: Vilma (ungarisch, littauisch).

Wilmken   niederdeutsche Koseform zu ➥ Wilhelmine.

Wilrun   deutsch. Bedeutung: von althochdeutsch *willo* »Wille« und *runa* »Geheimnis«.

Wiltraud, Wiltrud   deutsch. Bedeutung: von althochdeutsch *willo* »Wille« und *trud* »Kraft, Stärke«.

Wina   Kurzform zu ➥ Winfrieda.

Winfrieda, Winfriede   deutsch. Bedeutung: von althochdeutsch *wini* »Freund« und *fridu* »Friede«. Kurzform: Wina.

Wintrud   deutsch. Bedeutung: von althochdeutsch *wini* »Freund« und *trud* »Kraft, Stärke«.

Wisgard   deutsch. Bedeutung: von althochdeutsch *wisi* »weise« und *gard* »Hort, Schutz«.

Wisgund, Wisgunde   deutsch. Bedeutung: von althochdeutsch *wisi* »weise« und *gund* »Kampf«.

Wismut   deutsch. Bedeutung: von althochdeutsch *wisi* »weise« und *muot* »Mut, Eifer, Geist«.

Witta   deutsch. Bedeutung: von althochdeutsch *witu* »Wald, Gehölz«. Berühmte Namensträgerin: Witta Pohl (deutsche Schauspielerin).

Wolfgund, Wolfgunde   deutsch. Bedeutung: von althochdeutsch *wolf* »Wolf« und *gund* »Kampf«.

Wolfhild, Wolfhilde   deutsch. Bedeutung: von althochdeutsch *wolf* »Wolf« und *hiltja* »Kampf«.

Wolfrun   deutsch. Bedeutung: von althochdeutsch *wolf* »Wolf« und *runa* »Geheimnis«.

Wolftraud, Wolftrud   deutsch. Bedeutung: von althochdeutsch *wolf* »Wolf« und *trud* »Kraft, Stärke«.

Wunna   deutsch. Bedeutung: von althochdeutsch *wunna* »Wonne, hohe Freude«.

X

Xaveria   weibliche Form des männlichen Vornamens ➙ Xaver, ein verselbstständigter Beiname des heiligen Franz Xaver, nach seinem spanischen Geburtsort Schloss Xavier (heute Javier) in Navarra.

Z

Zäzilie   Nebenform von ➙ Cäcilie.

Zena   Kurzform zu ➙ Zenobia.

Zenobia   griechisch. Bedeutung: Name der Königin von Palmyra (Syrien). Kurzform: Zena.

Zenta, Zenz, Zenzi   Kurzform zu ➙ Innocentia, ➙ Kreszentia, ➙ Vinzentia (➙ Vinzenta).

Zilla, Zilli, Zilly   Kurzformen zu ➙ Cäcilia.

Ziska, Zissi, Zissy   Kurzformen zu ➙ Franziska.

Zita   1. italienisch. Bedeutung: Mädchen. 2. Kurzform zu ➙ Felicitas.

Die beliebtesten Vornamen

Dreimal Sophie in einer Schulklasse? Jeder zweite Junge heißt plötzlich Paul? Hier finden Sie die beliebtesten Vornamen der letzten fünf Jahre – in Deutschland, Österreich und der Schweiz. Und Sie sehen, wie beliebt traditionelle Vornamen tatsächlich sind: In Deutschland befanden sich bei den Mädchen im Jahr 2007 immerhin neun Namen unter den zehn beliebtesten Vornamen, die auch schon unsere Großmütter getragen haben könnten (einzige Ausnahme ist das etwas modernere Leonie). Bei den Jungen sah es nicht viel anders aus: Maximilian, Alexander, Paul und Lukas sind ebenfalls Namen, die auf eine lange Tradition zurückblicken können. Dazu kommen noch die Vornamen Elias, David und Jonas, die zwar erst in den letzten Jahren »modern« wurden, aber durch die Bibel schon seit Jahrhunderten bekannt sind.

Doch ganz am Anfang dieser Hitlisten soll ein Blick zurück stehen: Welche Vornamen waren vor 100 Jahren Mode?

Ein Blick zurück:
Die beliebtesten Vornamen im Jahr 1900

JUNGEN

1. Wilhelm	11. Gustav
2. Karl	12. Franz
3. Heinrich	13. August
4. Hermann	14. Johann
5. Friedrich	15. Johannes
6. Paul	16. Max
7. Otto	17. Willi
8. Ernst	18. Richard
9. Hans	19. Emil
10. Walter	20. Robert

MÄDCHEN

1. Anna	11. Erna
2. Martha	12. Johanna
3. Frieda	13. Auguste
4. Emma	14. Louise, Luise
5. Marie	15. Helene
6. Elisabeth	16. Ida
7. Maria	17. Dorothea
8. Berta, Bertha	18. Minna
9. Gertrud	19. Dora
10. Margarete, Margarethe	20. Herta, Hertha

(Quelle: www.beliebte-vornamen.de)

Deutschland

Die beliebtesten Vornamen 2007

1. Leon	6. Lucas, Lukas
2. Maximilian	7. Felix
3. Alexander	8. Elias
4. Paul	9. David
5. Luca, Luka	10. Jonas

MÄDCHEN

1. Marie	6. Lena
2. Sophie, Sofie	7. Johanna
3. Maria	8. Charlotte
4. Anna	9. Hannah, Hanna
5. Leonie, Leoni	10. Sophia, Sofia

Die beliebtesten Vornamen 2006

JUNGEN

1. Leon	6. Luca
2. Maximilian	7. Tim
3. Alexander	8. Felix
4. Lukas, Lucas	9. David
5. Paul	10. Elias

1. Marie	6. Lena
2. Sophie, Sofie	7. Emily
3. Maria	8. Johanna
4. Anna, Anne	9. Laura
5. Leonie	10. Leah, Lea

Die beliebtesten Vornamen 2005

JUNGEN

1. Alexander	6. Paul
2. Maximilian	7. Jonas
3. Leon	8. Felix
4. Lukas, Lucas	9. Tim
5. Luca	10. David

MÄDCHEN

1. Marie	6. Lena
2. Sophie, Sofie	7. Emily
3. Maria	8. Lea, Leah
4. Anna, Anne	9. Julia
5. Leonie	10. Laura

Die beliebtesten Vornamen 2004

JUNGEN

1. Maximilian	6. Luca
2. Alexander	7. Felix
3. Paul	8. Jonas
4. Leon	9. Tim
5. Lukas, Lucas	10. David

1. Marie	6. Lea, Leah
2. Sophie	7. Laura
3. Maria	8. Lena
4. Anna, Anne	9. Katharina
5. Leonie	10. Johanna

Die beliebtesten Vornamen 2003

JUNGEN

1. Maximilian	6. Felix
2. Alexander	7. Luca
3. Leon	8. David
4. Paul	9. Tim
5. Lukas, Lucas	10. Jonas

MÄDCHEN

1. Marie	6. Laura
2. Sophie	7. Lena
3. Maria	8. Leonie
4. Anna, Anne	9. Julia
5. Lea, Leah	10. Sarah, Sara

(Quelle: Gesellschaft für deutsche Sprache, www.gfds.de)

Österreich

Die beliebtesten Vornamen 2007

JUNGEN

1. Lukas	6. Maximilian
2. Tobias	7. Fabian
3. David	8. Alexander
4. Julian	9. Felix
5. Florian	10. Simon

MÄDCHEN

1. Lena	6. Hannah
2. Leonie	7. Laura
3. Anna	8. Katharina
4. Sarah	9. Sophie
5. Julia	10. Lisa

Die beliebtesten Vornamen 2006

JUNGEN

1. Lukas	6. Maximilian
2. Tobias	7. Fabian
3. David	8. Alexander
4. Florian	9. Sebastian
5. Simon	10. Julian

1. Lena	6. Katharina
2. Leonie	7. Hannah
3. Sarah	8. Sophie
4. Anna	9. Laura
5. Julia	10. Lisa

Die beliebtesten Vornamen 2005

JUNGEN

1. Lukas	6. Sebastian
2. Tobias	7. Julian
3. David	8. Fabian
4. Florian	9. Simon
5. Alexander	10. Maximilian

MÄDCHEN

1. Leonie	6. Laura
2. Lena	7. Hannah
3. Anna	8. Katharina
4. Sarah	9. Sophie
5. Julia	10. Lea

Die beliebtesten Vornamen 2004

JUNGEN

1. Lukas	5. Julian
2. Florian	7. Simon
3. Tobias	8. Alexander
4. David	9. Michael
5. Fabian	10. Sebastian

1. Anna	6. Laura
2. Sarah	7. Hannah
3. Leonie	8. Katharina
4. Julia	9. Lisa
5. Lena	10. Sophie

Die beliebtesten Vornamen 2003

JUNGEN

1. Lukas	6. Fabian
2. Florian	7. Michael
3. Tobias	8. Julian
4. David	9. Daniel
5. Alexander	10. Simon

MÄDCHEN

1. Sarah	6. Hannah
2. Anna	7. Lisa
3. Julia	8. Katharina
4. Laura	9. Leonie
5. Lena	10. Vanessa

(Quelle: Statistik Austria, www.statistik.at)

Schweiz

Die beliebtesten Vornamen 2007

Jungen

1. Tim	6. Jonas
2. Noah	7. Nico
3. Luca	8. Jan
4. David	9. Simon
5. Leon	10. Lukas

Mädchen

1. Lena	6. Alina
2. Sara	7. Lea
3. Nina	8. Lara
4. Laura	9. Anna
5. Julia	10. Leonie

Die beliebtesten Vornamen 2006

Jungen

1. Luca	6. Leon
2. Noah	7. Tim
3. David	8. Nico
4. Jan	9. Jonas
5. Simon	10. Lukas

1. Lena	6. Julia
2. Lara	7. Sara
3. Laura	8. Lea
4. Anna	9. Nina
5. Leonie	10. Alina

Die beliebtesten Vornamen 2005

JUNGEN

1. David	6. Jan
2. Noah	7. Jonas
3. Tim	8. Lukas
4. Luca	9. Joël
5. Simon	10. Nico

MÄDCHEN

1. Lara	6. Sarah
2. Laura	7. Anna
3. Julia	8. Chiara
4. Leonie	9. Lena
5. Nina	10. Sara

Die beliebtesten Vornamen 2004

JUNGEN

1. Luca	6. Simon
2. Noah	7. Nico
3. David	8. Tim
4. Jan	9. Jonas
5. Joël	10. Lucas

1. Lea	6. Lara
2. Anna	7. Chiara
3. Laura	8. Nina
4. Leonie	9. Jana
5. Julia	10. Vanessa

Die beliebtesten Vornamen 2003

JUNGEN

1. Luca	6. Simon
2. Joël	7. Tim
3. Noah	8. Nico
4. David	9. Jonas
5. Jan	10. Lukas

MÄDCHEN

1. Lea	6. Lara
2. Laura	7. Anna
3. Julia	8. Michelle
4. Sarah	9. Vanessa
5. Chiara	10. Sara

(Quelle: Bundesamt für Statistik, Schweiz, www.bfs.admin.ch)

Namenstagskalender

Ein zusätzliches Kriterium, das Sie bei der Wahl des Vornamens hinzuziehen können, ist das Geburtsdatum des Kindes. Auf den folgenden Seiten finden Sie die Namenstage – nach dem evangelischen und nach dem katholischen Kalender.

Januar

	für evangelische Kalender	*für katholische Kalender*
1. Januar	*Neujahr*	*Neujahr*, Gottemutter Maria, Wilhelm
2. Januar	Basilius, Wilhelm Löhe	Basilius, Gregor von Nazianz
3. Januar	Gordius	Irmina
4. Januar	Fritz von Bodelschwingh	Marius
5. Januar	Feofan	Ämiliana
6. Januar	*Epiphanias*, Walther Pauker	*Erscheinung des Herrn*, Kaspar, Melchior, Balthasar
7. Januar	Jakob Andreä	Valentin
8. Januar	Severin	Severin
9. Januar	Johann Laski	Adrian
10. Januar	Karpus, Papylus	Walarich
11. Januar	Ernst der Bekenner	Hyginus
12. Januar	Remigius von Reims	Ernst
13. Januar	Hilarius von Poitiers	Hilarius

	für evangelische Kalender	*für katholische Kalender*
14. Januar	Georg Fox	Felix von Nola
15. Januar	Traugott Hahn	Romedius
16. Januar	Georg Spalatin	Marcellus I.
17. Januar	Antonius von Ägypten	Antonius
18. Januar	Ludwig Steil	Priska
19. Januar	Johann Michael Hahn	Agritus
20. Januar	Sebastian	Fabian, Sebastian
21. Januar	Matthias Claudius	Meinrad
22. Januar	Vincentius	Vinzenz
23. Januar	Menno Simons	*Mariä Vermählung*
24. Januar	Erich Sack	Franz von Sales
25. Januar	*Bekehrung des Apostels Paulus*, Heinrich Seuse	*Bekehrung des Apostels Paulus*, Wolfram
26. Januar	Thimotheus und Titus, Johann	Thimotheus und Titus
27. Januar	Paavo Ruotsalainen	Angela Merici
28. Januar	Karl der Große	Thomas von Aquin
29. Januar	Theophil Wurm	Valerius
30. Januar	Xaver Marnitz	Adelgundis
31. Januar	Charles Spurgeon	Johannes Bosca

Februar

	für evangelische Kalender	*für katholische Kalender*
1. Februar	Klaus Harms	Sigisbert
2. Februar	*Lichtmess*, Burkhard von Würzburg	*Lichtmess*, Hadelog (Adelheid) von Kitzingen
3. Februar	Ansgar, Matthias Desubas	Blasius
4. Februar	Hrabanus Maurus	Hrabanus Maurus
5. Februar	Philipp Jakob Spener	Agatha
6. Februar	Amandus	Paul Miki

7. Februar	Adolf Stoecker	Richard
8. Februar	Georg Wagner	Hieronymus Ämiliani
9. Februar	John Hooper	Apollonia
10. Februar	Friedrich Christoph Oetinger	Scholastika
11. Februar	Hugo von St. Victor, Benjamin Schmolck	*Mariengedenktag in Lourdes,* Theobert (Dietbert)
12. Februar	Valentin Ernst Löscher, Friedrich Schleiermacher	Benedikt von Aniane
13. Februar	Christian Friedrich Schwartz	Wiho
14. Februar	Cyrill und Methodius, Johann Daniel Falck	Cyrill und Methodius
15. Februar	Georg Maus	Siegfried
16. Februar	Wilhelm Schmidt	Juliana
17. Februar	Johann Heermann	Sieben Gründer des Servitenordens
18. Februar	Martin Luther	Bernadette
19. Februar	Peter Brullius	Julian
20. Februar	Friedrich Weißler	Eleutherius
21. Februar	Lars Levi Laestadius	Petrus Damiani
22. Februar	Bartholomäus Ziegenbalg	Kathedra Petri
23. Februar	Polycarpus	Polykarp
24. Februar	Apostel Matthias	Apostel Matthias
25. Februar	Walburga	Walburga
26. Februar	Mechthild von Magdeburg	Alexander
27. Februar	Patrick Hamilton	Leander
28. Februar	Martin Bucer	Roman und Lupicin
29. Februar	Suitbert	Oswald

März

1. März	Martin Moller	Albinus
2. März	John Wesley	Agnes von Böhmen
3. März	Johann Friedrich der Großmütige	Titian
4. März	Elsa Brandström	Kasimir
5. März	Hermann Friedrich Kohlbrügge	Johannes Josef
6. März	Chrodegang von Metz	Fridolin
7. März	Perpetua und Felicitas	Perpetua, Felicitas
8. März	Thomas von Aquin	Johannes von Gott
9. März	Pusei, Bruno von Querfurt	Bruno von Querfurt
10. März	40 Ritter von Sebaste	40 Märtyrer von Sebaste, Attala
11. März	Pionius	Eulogius
12. März	Gregor der Große	Engelhard
13. März	Georg von Ghese	Paulina
14. März	Mathilde, Friedrich Gottlieb Klopstock	Mathilde
15. März	Kaspar Olevianus	Klemens Maria Hofbauer
16. März	Heribert von Köln	Heribert
17. März	Patrick von Irland	Gertrud von Nivelles
18. März	Cyrillus von Jerusalem, Marie Schlieps	Cyrill von Jerusalem
19. März	Michael Weiße	Josef
20. März	Albrecht von Preußen	Wolfram
21. März	Benedikt von Nursia	Serapion
22. März	August Schreiber	Herlinde und Reinhilde
23. März	Wolfgang von Anhalt	Turibio
24. März	Veit Dietrich	Bernulph

	für evangelische Kalender	*für katholische Kalender*
25. März	*Verkündigung Mariä,* Ernst der Fromme	*Verkündigung des Herrn,* Annunziata
26. März	Liudger, Karl Schlau	Liudger
27. März	Meister Eckhart	Frowin
28. März	Rupert	Totilo
29. März	Hans Nielsen Hauge	Eustachius
30. März	Johannes Evangelista Goßner	Quirin
31. März	Akazius von Melitene	Cornelia

April

	für evangelische Kalender	*für katholische Kalender*
1. April	Amalie Sieveking	Hugo
2. April	Friedrich von Bodelschwingh	Franz von Paula
3. April	Gerhard Tersteegen	Irene
4. April	Ambrosius von Mailand	Isidor
5. April	Christian Scriver, Maximus	Vinzenz
6. April	Cyrillus und Methodius, Notker der Stammler	Notker
7. April	Albrecht Dürer	Johann Baptist de la Salle
8. April	Martin Chemnitz	Walter
9. April	Dietrich Bonhoeffer	Waltraud
10. April	Thomas von Westen	Fulbert
11. April	Matthäus Apelles von Löwenstern	Matthäus
12. April	Petrus Waldus	Zeno
13. April	Konrad Hubert	Martin I.
14. April	Simon Dach	Tiburtius
15. April	Karolina Fliedner	Reinert

	für evangelische Kalender	*für katholische Kalender*
16. April	Sundar Singh	Benedikt Josef Labre
17. April	Ludwig von Berquin	Stephan Harding
18. April	Apollonius	Ursma
19. April	Philipp Melanchthon	Leo IX.
20. April	Johannes Bugenhagen	Oda
21. April	Anselm von Canterbury	Konrad von Parzham
22. April	Friedrich Justus Perels	Wolfhelm
23. April	Georg, Adalbert von Prag	Adalbert
24. April	Johann Walter	Fidelis von Sigmaringen
25. April	Evangelist Markus, Philipp Friedrich Hiller	Evangelist Markus
26. April	Tertullian	Trudpert
27. April	Origenes	Petrus Kanisius
28. April	Johannes Gramann	Pierre Chanel
29. April	Katharina von Siena	Katharina von Siena
30. April	David Livingstone	Pius X.

Mai

	für evangelische Kalender	*für katholische Kalender*
1. Mai	Nikolaus Hermann	Josef der Arbeiter
2. Mai	Athanasius	Athanasius
3. Mai	Apostel Philippus und Jakobus d. J.	Apostel Philippus und Jakobus d. J
4. Mai	Michael Schirmer	Florian
5. Mai	Godehard	Godehard
6. Mai	Friedrich der Weise	Britto
7. Mai	Otto der Große	Gisela
8. Mai	Gregor von Nazianz	Ulrika
9. Mai	Graf Nikolaus von Zinzendorf	Beatus

	für evangelische Kalender	*für katholische Kalender*
10. Mai	Johnn Hüglin	Bertram
11. Mai	Johann Arnd	Gangolf
12. Mai	Pakratius	Pankratius
13. Mai	Hans Ernst von Kottwitz	Servatius
14. Mai	Nikolaus von Amsdorf	Bonifatius
15. Mai	Pachomius	Sophie
16. Mai	Die fünf Märtyrer von Lyon	Johannes Nepomuk
17. Mai	Valerius Herberger	Paschalis Baylon
18. Mai	Christian Heinrich Zeller	Johannes I.
19. Mai	Alkuin	Petrus Cölestin
20. Mai	Samuel Hebich	Bernhardin von Siena
21. Mai	Konstantin der Große	Hermann Josef
22. Mai	Marion von Klot	Rita
23. Mai	Girolamo Savonarola	Wibrecht
24. Mai	Nikolaus Selnecker, Esther	Auxilia
25. Mai	Beda der Ehrwürdige	Beda
26. Mai	Augustin von Canterbury	Augustin von Canterbury
27. Mai	Johannes Calvin, Paul Gerhard	Philipp Neri
28. Mai	Karl Mez	Wilhelm
29. Mai	Hieronymus von Prag	Maximin
30. Mai	Gottfried Arrald	Ferdinand
31. Mai	Joachim Neander	Hiltrud

Juni

	für evangelische Kalender	*für katholische Kalender*
1. Juni	Justin der Märtyrer	Justin
2. Juni	Blandina, Friedrich Oberlin	Marcellinus, Petrus

	für evangelische Kalender	für katholische Kalender
3. Juni	Hudson Taylor	Karl Ilwanga
4. Juni	Morandus	Clotilde
5. Juni	Winfried, Bonifatius	Bonifatius
6. Juni	Norbert von Xanten	Norbert
7. Juni	Ludwig Ihmels	Eoban
8. Juni	August Hermann Franke	Medard
9. Juni	Ephräm der Syrer	Ephräm
10. Juni	Friedrich August Tholuck	Bardo
11. Juni	Barnabas	Barnabas
12. Juni	Isaak le Febre	Leo III.
13. Juni	Antoine Coart	Antonius von Padua
14. Juni	Gottschalk der Wende	Hartwig
15. Juni	Georg Israel	Vitus
16. Juni	Johannes Tauler	Benno
17. Juni	August Hermann Werner	Rainer
18. Juni	Albert Knapp	Elisabeth von Schönau
19. Juni	Ludwig Richter	Romuald
20. Juni	Johann Georg Hamann	Silverius
21. Juni	Eva von Tiele-Winkler	Aloysius Gonzaga
22. Juni	Paulinus von Nola	Paulinus von Nola
23. Juni	Argula von Grumbach	Edeltraud
24. Juni	Johannes der Täufer	Johannes der Täufer
25. Juni	Prosper von Aquitanien	Prosper
26. Juni	Vigilus	Anthelm
27. Juni	Johann Valentin Andreä	Hemma
28. Juni	Irenäus	Irenäus
29. Juni	Apostel Petrus und Paulus	Apostel Petrus und Paulus
30. Juni	Otto von Bamberg	Otto

Juli

	für evangelische Kalender	*für katholische Kalender*
1. Juli	Heinrich Voes, Jan van Esch	Theobald
2. Juli	*Mariä Heimsuchung,* Georg Daniel Teutsch	*Mariä Heimsuchung,* Wiltrud
3. Juli	Antonio Paleario	Apostel Thomas
4. Juli	Ulrich von Augsburg	Ulrich
5. Juli	Johann Andreas Rothe	Antonius Maria Zaccaria
6. Juli	Johannes Hus	Maria Goretti
7. Juli	Tilman Riemenschneider	Willibald
8. Juli	Kilian	Kilian
9. Juli	Georg Neumark	Veronika
10. Juli	Wilhelm von Oranien	Knud, Erich und Olaf
11. Juli	Renata von Ferrara	Benedikt von Nursia
12. Juli	Natan Söderblom	Hermagoras und Fortunat
13. Juli	Heinrich II., Kunigunde	Heinrich II. und Kunigunde
14. Juli	Karolina Utrainen	Kamillus
15. Juli	Johannes Bonaventura	Bonaventura
16. Juli	Anna Askew	*Mariengedenktag auf dem Berge Karmel,* Donata
17. Juli	Märtyrer von Scili	Alexius
18. Juli	Paul Schneider	Answer
19. Juli	Johann Marteihle	Makrina
20. Juli	Margareta	Margaretha
21. Juli	John Eliot	Laurentius von Brindisi
22. Juli	Moritz Bräuninger	Maria Magdalena
23. Juli	Birgitta von Schweden	Brigitta
24. Juli	Christophorus	Christophorus
25. Juli	Apostel Jakobus d. Ä.	Apostel Jacobus
26. Juli	Luise Scheppler	Joachim und Anna

	für evangelische Kalender	*für katholische Kalender*
27. Juli	Angelus Merula	Pantaleon
28. Juli	Johann Sebastian Bach	Beatus und Bantus
29. Juli	Olaf der Heilige	Martha
30. Juli	William Penn	Petrus Chrysologus
31. Juli	Bartolomé las Casas	Ignatius von Loyola

August

	für evangelische Kalender	*für katholische Kalender*
1. August	Gutav Werner	Alfons Maria von Lignori
2. August	Christoph Blumhardt	Eusebius von Vercelli
3. August	Josua Stegmann	Lydia
4. August	Johannes Maria Vianney	Johannes Maria Vianney
5. August	Franz Härter	Mariä Schnee, Oswald
6. August	Die evangelischen Salzburger	*Verklärung des Herrn*, Felizissimus und Agapitus
7. August	Afra	Kajetan
8. August	Jean Vallière	Dominikus
9. August	Adam Reusner	Theresia Benedicta vom Kreuz
10. August	Laurentius	Laurentius
11. August	Klara von Sciffi	Klara
12. August	Paul Speratus	Radegunde
13. August	Radegundis, Paul Richter	Pontianus und Hippolyt
14. August	Georg Balthasar, Florence Nightingale	Maximilian Kolbe
15. August	Hermann von Wied	*Mariä Himmelfahrt*, Assunta
16. August	Leonhard Kaiser	Stephan von Ungarn
17. August	Johann Gerhard	Hyazinth

	für evangelische Kalender	*für katholische Kalender*
18. August	Erdmann Neumeister	Helena
19. August	Blaise Pascal	Johannes Eudes
20. August	Bernhard von Clairvaux	Bernhard von Clairvaux
21. August	Geert Grote	Pius X.
22. August	Symphorian	*Maria Königin*, Regina
23. August	Gaspard de Coligny	Rosa
24. August	Apostel Bartholomäus	Apostel Bartholomäus
25. August	Gregor von Utrecht	Ludwig
26. August	Wulfila	Wulfila
27. August	Monika	Monika
28. August	Augustinus	Augustinus
29. August	Martin Boos	*Enthauptung Johannes des Täufers*, Sabina
30. August	Mathis G. Nithart »Grünewald«	Riza
31. August	John Bunyan	Paulinus von Trier

September

	für evangelische Kalender	*für katholische Kalender*
1. September	Sixt Karl Kapff	Verena
2. September	Nicolai Frederik S. Grundtvig	Apollinaris
3. September	Oliver Cromwell	Gregor der Große
4. September	Giovanni Mollio	Switbert
5. September	Katharina Zell	Maria Theresia Wüllenweber
6. September	Matthias Weibel	Magnus
7. September	Lazarus Spengler	Otto von Freising
8. September	Korbinian	*Mariä Geburt*
9. September	Luigi Pasquali	Petrus Claver

	für evangelische Kalender	*für katholische Kalender*
10. September	Leonhard Lechner	Theodard
11. September	Johannes Brenz	Maternus
12. September	Matthäus Vlicky	*Mariä Namen*
13. September	Johannes Chrysostomus	Johannes Chrysostomus
14. September	Cyprian	*Kreuzerhöhung*, Conan
15. September	Jan van Woerden	*Mariä Schmerzen*, Dolores
16. September	Kaspar Tauber	Cornelius und Cyprian
17. September	Hildegard von Bingen	Hildegard
18. September	Lambert	Lambert
19. September	Thomas John Barnado	Januarius
20. September	Carl Heinrich Rappard	Eustachius
21. September	Apostel und Evangelist Matthäus	Apostel Matthäus
22. September	Mauritius	Mauritius
23. September	Maria de Bohorques	Linus
24. September	Hermann der Lahme	Rupert und Virgil
25. September	Paul Rabaut	Nikolaus von Flüe
26. September	Herrezuela und Leonore de Cisnere	Kosmas und Damian
27. September	Vinzenz von Paul	Vinzenz von Paul
28. September	Lioba	Lioba und Thekla
29. September	Erzengel Michael	Erzengel Michael, Gabriel, Raphael
30. September	Hieronymus	Hieronymus

Oktober

	für evangelische Kalender	*für katholische Kalender*
1. Oktober	Petrus Herbert	Theresia vom Kinde Jesu
2. Oktober	Pietro Carnesecchi	Schutzengel, Beregis
3. Oktober	Franz von Assisi	Ewald

4. Oktober	Rembrandt	Franz von Assisi
5. Oktober	Theodor Fliedner	Meinolf
6. Oktober	William Tindale	Bruno der Kartäuser
7. Oktober	Heinrich Melchior Mühlenberg	*Mariengedenktag vom Rosenkranz*, Rosa
8. Oktober	Johann Matthesius	Sergius
9. Oktober	Justus Jonas	Dionysius
10. Oktober	Bruno von Köln	Viktor
11. Oktober	Huldreich Zwingli	Bruno von Köln
12. Oktober	Elisabeth Fry	Maximilian
13. Oktober	Theodor Beza	Lubentius
14. Oktober	Jakob der Notar	Kallistus I.
15. Oktober	Hedwig von Schlesien	Theresia von Avila
16. Oktober	Gallus, Lukas Cranach	Hedwig
17. Oktober	Ignatius von Antiochien	Ignatius
18. Oktober	Evangelist Lukas	Evangelist Lukas
19. Oktober	Ludwig Schneller	Jean de Brébeuf, Isaac Jogues
20. Oktober	Karl Segebrock, Ewald Ovir	Wendelin
21. Oktober	Elias Schrenk	Ursula
22. Oktober	Jeremias Gotthelf	Cordula
23. Oktober	Johannes Zwick	Johannes von Capestrano
24. Oktober	Starez Leonid	Antonius Maria Claret
25. Oktober	Philipp Nicolai	Krispin, Krispinian
26. Oktober	Frumentius	Amandus
27. Oktober	Olaus, Lorenz Petri	Wolfhard
28. Oktober	Apostel Simon und Judas	Apostel Simon und Judas
29. Oktober	Henri Dumant	Ferrutius
30. Oktober	Gottschalk	Liutburg
31. Oktober	*Reformationsgedenktag*, Wolfgang	Wolfgang

November

	für evangelische Kalender	*für katholische Kalender*
1. November	*Gedenktag der Heiligen*	*Allerheiligen*
2. November	Johann Albrecht Bengel	*Allerseelen*
3. November	Pirmin	Rupert Mayer
4. November	Claude Brousson	Karl Borromäus
5. November	Hans Egede	Emmerich
6. November	Gustav Adolf	Leonhard
7. November	Willibrand	Willibrand
8. November	Willihad	Willihad
9. November	Emil Frommel	Theodor
10. November	Leo der Große	Leo der Große
11. November	Martin von Tours	Martin
12. November	Christian Gottlob Barth	Josaphat
13. November	Ludwig Harms	Stanislaus Kostka
14. November	Gottfried Wilhelm Leibniz	Alberich
15. November	Albert der Große	Albert der Große
16. November	Jan Amos Comenius	Margareta von Schottland
17. November	Jakob Böhme	Gertrud von Helfta
18. November	Ludwig Hofacker	Odo von Cluny
19. November	Elisabeth von Thüringen	Elisabeth von Thüringen
20. November	Bernward von Thüringen	Bernward
21. November	Wolfgang Capilo	*Mariengedenktag in Jerusalem*, Amalberg
22. November	Cäcilia	Cäcilia
23. November	Kolumban	Kolumban
24. November	Johannes Oekolampad	Modestus
25. November	Katharina	Katharina von Alexandria
26. November	Konrad	Konrad und Gebhard
27. November	Virgilius von Salzburg	Bilhildis
28. November	Margaretha Blarer	Gerhard

	für evangelische Kalender	*für katholische Kalender*
29. November	Saturninus	Friedrich
30. November	Apostel Andreas, Alexander Roussel	Apostel Andreas

Dezember

	für evangelische Kalender	*für katholische Kalender*
1. Dezember	Eiligius	Eiligius
2. Dezember	Jan van Ruysbroek	Lucius
3. Dezember	Ämilie Juliane von Schwarzburg-Rudolstadt	Franz Xaver
4. Dezember	Barbara	Barbara
5. Dezember	Aloys Henhäfer	Anno
6. Dezember	Nikolaus, Ambrosius Blarer	Nikolaus
7. Dezember	Blutzeugen des Thorner Blutgerichts	Ambrosius
8. Dezember	Martin Rinckart	*Unbefleckte Empfängnis Mariä*
9. Dezember	Richard Baxter	Eucharius
10. Dezember	Heinrich Zütphen	Petrus Fourier
11. Dezember	Lars Olsen Skrefsrud	Damasus I.
12. Dezember	Vicelin	Johanna Franziska von Chanta
13. Dezember	Odilia	Odilia
14. Dezember	Berthold von Regensburg	Johannes vom Kreuz
15. Dezember	Gerhard Uhlhorn	Wunibald
16. Dezember	Adelheid	Adelheid
17. Dezember	Abt Sturmius von Fulda	Yolanda
18. Dezember	Wunibald, Willibald	Desideratus
19. Dezember	Paul Blau	Mengoz
20. Dezember	Katharina von Bora	Julius

21. Dezember	Apostel Thomas	Anastasius
22. Dezember	Dwight Liman Moody	Jutta
23. Dezember	Anne Dubourg	Johannes von Krakau
24. Dezember	Matilda Wrede	Adam, Eva
25. Dezember	*1. Christtag:* *Geburt des Herrn*	*Weihnachten:* *Geburt des Herrn*
26. Dezember	*2. Christtag,* Erzmärtyrer Stephanus	*Fest der Heiligen Familie,* Stephan
27. Dezember	Apostel und Evangelist Johannes	Apostel Johannes
28. Dezember	*Unschuldige Kindlein,* Reinhard Hedinger	*Unschuldige Kinder,* Hermann und Otto
29. Dezember	Thomas Becket	Thomas Becket
30. Dezember	Martin Schalling	Lothar
31. Dezember	*Altjahresabend,* Johann Wiclif	Silvester I.

Anhang

War das Passende nicht dabei? Schwer vorzustellen, aber vielleicht können Ihnen die folgenden Buch- und Internettipps weiterhelfen.

Literaturtipps

Adam, Birgit: Die schönsten internationalen Vornamen.
    München: Wilhelm Heyne Verlag 2007
Andresen, Julia: Das große Buch der Vornamen. München:
    Wilhelm Heyne Verlag 2003
Kohlheim, Rosa und Volker: Lexikon der Vornamen.
    Mannheim: Dudenverlag 1998
Lindau, Friedrich C.: Die schönsten Vornamen für Ihr Baby.
    Stuttgart: Urania 2004
Schill, Ines: 4000 Vornamen aus aller Welt. Von Alexander
    bis Zoe. Niedernhausen: Bassermann 1997
Schlüter, Christiane/Drews, Gerald: Christliche Namen für
    unser Kind. Eine Entscheidungshilfe für Eltern. Augsburg:
    Sankt Ulrich Verlag 2006
Voorgang, Dietrich: Die schönsten Vornamen. Von Aaron
    bis Zoe. München: Goldmann 2005
Voorgang, Dietrich: Vornamen aus aller Welt. München:
    Mosaik 2002

Weitershaus, F.-W.: Das neue große Vornamenbuch.
    München: Bassermann 2006
Wellnitz, Andrea: Die schönsten biblischen Vornamen.
    München: Wilhelm Heyne Verlag 2008
Zimmermann, Dorit: Knaurs kleines Buch der Vornamen.
    München: Knaur 2006

Informationen aus dem Internet

Auf den folgenden Internetseiten finden Sie Vornamen aus aller Welt, häufig auch mit Hinweisen zu Herkunft und Bedeutung, Hitlisten, juristische Entscheidungen und vieles mehr.

www.babynamebox.com
www.babynamer.com
www.babynamesworld.com
www.baby-vornamen.de
www.behindthename.com
www.beliebte-vornamen.de
www.familie-online.de
www.firstname.de
www.kindername.de
www.kunigunde.ch
www.top-babynamen.de
www.vornamen.ch
www.vornamenarchiv.de
www.vornamenlexikon.de